全园性幼儿
小篮球活动课程的
理论与实践

陈楚彬 ◎ 著

东北师范大学出版社

长 春

图书在版编目（CIP）数据

全园性幼儿小篮球活动课程的理论与实践 / 陈楚彬
著. —长春：东北师范大学出版社，2020.11
ISBN 978-7-5681-7336-0

Ⅰ.①全… Ⅱ.①陈… Ⅲ.①篮球运动—学前教育—
教学研究 Ⅳ.①G613.7

中国版本图书馆CIP数据核字（2020）第236327号

□责任编辑：王立娜　　　　　□封面设计：言之凿
□责任校对：刘彦妮　张小娅　□责任印制：许　冰

东北师范大学出版社出版发行
长春净月经济开发区金宝街 118 号（邮政编码：130117）
电话：0431-84568115
网址：http://www.nenup.com
北京言之凿文化发展有限公司设计部制版
北京政采印刷服务有限公司印装
北京市中关村科技园区通州园金桥科技产业基地环科中路 17 号（邮编：101102）
2022年6月第1版　　2022年6月第1次印刷
幅面尺寸：170mm×240mm　印张：15　字数：270千

定价：45.00元

序言

东莞，这座百年篮球名城创造了很多奇迹和传奇故事，形成了深厚的篮球文化底蕴，赢得了"全国篮球城市"的殊荣，篮球成为东莞最响亮的城市文化名片。全园性幼儿小篮球活动课程正是在这种社会文化背景下应运而生，创造性地拓展了非常具有本土文化特色的幼儿教育课程，为"湾区都市，品质东莞"打造教育现代化强市增添光彩。

2006年起，东莞市机关第二幼儿园受东莞本土浓厚的篮球文化氛围的影响，开始幼儿篮球运动教育教学的研究，至今已有十几年，在研究中逐步形成了独特的具有幼儿教育价值的课程体系：从幼儿篮球队十几个人的运动技能训练发展到全园普及的游戏活动；从注重幼儿掌握运动技能的学科课程发展到注重教育内容的综合性、趣味性，寓教育于生活、游戏之中的活动课程。全园性幼儿小篮球活动课程表面看类似平常简单的篮球运动，实则已超出体育运动原有功能的范畴。该课程立足于对本土文化的传承和弘扬，提出"运动、教育、文化融为一体"的教育理念，无论是课程依据的理论基础，还是课程目标、内容、方法和评价都非常符合《3—6岁儿童学习与发展指南》的要求。幼儿小篮球活动充当架起幼儿教育五大领域之间相互渗透和整合的桥梁，以小篮球游戏基本活动为载体，实现幼儿身心全面协调发展的教育目标。

幼儿园全园性幼儿小篮球活动课程从理论基础、价值取向和课程基本要素等方面进行了全面而系统的梳理，形成了地方文化特色鲜明的课程模式。本书中，无论是教育理念，还是教学方式都非常符合幼儿身心发展特点，符合幼儿的学习方式和特点，打破了传统体育学科课程本身的逻辑。这一点对于体育教师来说是难能可贵的，特别是在学前教育阶段有关体育教育的课程更是凤毛麟角，因此本书内容值得大家借鉴。这也充分体现了陈楚彬老师具有深厚的课程

理论知识、体育教育专业知识和认真钻研精神。

　　衷心希望陈老师再接再厉，不断开拓进取，研究更多的幼儿运动教育课程，取得更多硕果！

许铭

广州体育学院教授

目录

第四章
幼儿篮球游戏活动案例

1

第一章

全园性幼儿小篮球活动
课程的起源

　　幼儿园课程与社会文化有着密切的关联。幼儿园课程反映了一定的社会和文化的价值，注重将与这些社会和文化价值相一致的知识、技能和能力整合到学习者的经验之中。幼儿园小篮球活动课程是篮球运动文化和社会文化发展到一定程度的产物，也影响着社会文化的变化，形成了自身独特的幼儿教育价值，已经超出体育运动范畴，与幼儿的德、智、体、美全面发展紧密结合在一起；它不再是单一的竞技运动项目了，而是幼儿园的一种综合性教育活动。

　　课程是由文化衍生出来的，又能传承文化。全园性幼儿小篮球活动课程也是由世界篮球文化与本土篮球文化相融合而产生的。但很多幼教工作者和幼儿园并不知道其是如何发展起来的，不知道如何开展，以及为什么这样开展。一些幼教工作者对幼儿园篮球活动课程知其然不知其所以然，在课程发展与建设上容易盲目跟风，追求单一的知识技能训练，回到传统小篮球发展老路，甚至进行有损幼儿健康的竞技比赛、机械训练或表演等。因此，我们有必要了解这种课程文化的根源，如此才能正确地发展和建设好课程。追溯全园性幼儿小篮球活动课程的起源就必须先了解篮球运动的起源与发展，了解其产生的社会文化背景，了解其建设的理论依据和形成的教育教学理念。

第一节　世界篮球运动的起源与发展

　　篮球运动是在1891年，由美国马萨诸塞州斯普林菲尔德基督教青年会训练学校体育教师詹姆士·奈史密斯博士发明的。当时，在寒冷的冬季，人们缺乏在室内进行的球类竞赛项目。奈史密斯从工人和儿童将球向"桃子筐"投射的游戏中得到启发，他将两只桃篮分别钉在健身房内两端看台的栏杆上，桃篮口水平向上，距地面10英尺（约3.05米），用球作为比赛工具，向桃篮内投掷，入篮得1分，按得分多少决定胜负。因为这项游戏最初使用的是桃篮和球，遂取名为篮球。1893年铁质球篮取代了桃篮并挂上了线网。1895年篮筐开始固定在4

英尺×6英尺的篮板上并逐渐深入场内，到1913年篮网的底才被剪开，形成了近似现代篮板和球篮的篮板和球篮。

篮球运动诞生后，传播很快。1892年传入加拿大和墨西哥，1893年传入法国，1895年传入中国，1901年传入日本和波斯（今伊朗），1905年传入俄国（今俄罗斯）。1904年美国青年会男子篮球队在第三届奥运会上进行了表演，此后，篮球运动在全世界逐步开展起来。1932年6月18日在瑞士日内瓦成立了国际业余篮球联合会（简称国际篮联）。1936年第十一届奥运会上，男子篮球被列为正式比赛项目。1950年和1953年分别举行了第一届世界男篮和女篮锦标赛。1948年起，在许多国家的少年儿童中开始出现小篮球活动，受到国际篮联的重视，于1968年成立了"国际小篮球委员会"。

20世纪30年代以前的篮球运动处于传播和推广时期，技术和战术尚处于初级阶段。20世纪30年代以后，篮球运动登上了国际体育竞技舞台，世界性的比赛推动着篮球技术、战术的迅速发展，技术动作、战术组织和训练方法逐渐走上了合理化、系统化和理论化的道路。进入20世纪50年代，世界各强队普遍重视和发展高度。20世纪60年代是高度、技术和速度同步发展时期。20世纪70年代是高度、技术、速度相结合、相统一并持续发展的阶段。20世纪80年代篮球运动是在高水平上的全面对抗。20世纪90年代至今篮球运动进入创新、攀登时期，国际奥委会允许职业篮球队员参加奥运会，给世界篮球运动开创了新的发展渠道和指明了方向，同时对篮球竞赛规则进行修改，使比赛空间争夺更安全、更合理、更具有观赏性。目前国际大型篮球赛事有奥运会篮球赛、世界男篮锦标赛、亚洲男篮锦标赛、美洲男篮锦标赛、欧洲男篮锦标赛、非洲男篮锦标赛、大洋洲男篮锦标赛等。当今世界篮球水平最高的联赛是美国职业篮球联赛（NBA）。代表中国的水平最高的联赛是中国男子篮球职业联赛（CBA）。

从篮球运动最初的发明形式来看，篮球运动是一项简单的体育游戏。最初的篮球比赛规则很简单，对于场地大小、参加人数多少、比赛时间长短均无统一规定。1892年奈史密斯制定了第一部包含13条内容的原始规则，目的是使篮球游戏在公平对等的条件下进行，同时不允许粗野动作的发生，这种篮球游戏充满趣味性、健身性、教育性。幼儿园小篮球活动课程要回归篮球游戏的本真，要有别于成人或中小学生的竞技性篮球运动，但也不能脱离这种篮球文化。

第二节　我国篮球运动的发展

一、篮球运动的传入与传播阶段（1895年—1948年）

篮球运动是清朝末期（1895年）由美国国际基督教青年会派往中国天津基督教青年会就职的第一任总干事来会理（David Willard Lyon）介绍传入我国的。1896年，天津基督教青年会举行了我国第一次篮球游戏表演，这也是史料记载中，中国历史上的第一场篮球表演，是中国篮球的起源。此后篮球运动逐步由天津向北京、保定等华北地区，上海、南京、苏州、杭州等沿海沿江的华东地区，广州、香港等华南地区，武汉、重庆等华中地区，以及内地其他省市的青年会组织、教会学校传播，并逐步推向社会。篮球运动传入中国的一百多年来，逐渐成为广大人民群众喜闻乐见的体育运动项目。

篮球运动传入与传播阶段（1895年—1948年）的中国，还处于新中国成立之前，社会各项事业发展都很缓慢，篮球运动也不例外。但是随着篮球运动在各大中小学的普及，篮球也渐渐传到社会中。1896年，天津基督教青年会举行了我国第一次篮球表演；1910年中国举行的第一届全运会上男子篮球被列为表演项目；1914年第二届全运会上男子篮球被列为正式竞赛项目；1924年第三届全运会上，女子篮球被列为正式比赛项目。在1921年上海举行的第五届远东运动会上，中华民国篮球队获得冠军。此外，中华民国还派队参加了1936年和1948年的第十一届、第十四届奥运会的男子篮球比赛。1936年的奥运会期间，中国篮球协会正式成为国际业余篮球联合会的成员。1945年抗日战争胜利后，北京、天津、上海等地出现了很多篮球队，为新中国篮球运动的发展和提高打下了良好的基础。

二、篮球运动曲折发展阶段（1950年—1994年）

1950年—1965年，篮球运动在中国的普及、传播和发展进入了一个新阶段。为备战第一届全运会，各省体委都成立了专业队，选拔了一批专业的篮球运动员，组织全国篮球比赛，总结技术和战术，不管是篮球队伍建设、篮球赛制建设还是篮球科学水平建设等，都取得了很大的成就，我国篮球运动进入健康、迅速发展的时期。

1966年—1976年是我国篮球运动发展的停滞期，受"文化大革命"的影响，这一时期我国篮球运动训练全面停止。1976年，国际业余篮球联合会通过决议，恢复中国篮球协会的合法席位，中国篮球运动的国际交往才逐步恢复。

1977年—1994年是我国篮球重新活跃在国际篮坛的时期。在中国改革开放的新时期，篮球训练迅速恢复和发展，篮球运动进入了最佳发展期，我国国家篮球队在亚洲篮球锦标赛、亚洲运动会篮球比赛、世界篮球锦标赛和奥运会篮球比赛中不断获得优异成绩。中国男篮连居亚洲榜首，并在1994年的第12届世界男子篮球锦标赛上获第8名，这是中国男篮第一次进入世界前八名，表明我国篮球运动竞技水平正向世界最高水平冲击，篮球运动跨入了百年发展的黄金时期。

三、改革创新时期（1995年至今）

1995年，中国篮协决定进一步对竞赛制度进行改革，以产业化、职业化为导向，并以全国男篮甲级联赛赛制改革为突破口，开始加速篮球竞赛体制改革的进程，于1996年推出了中国男子篮球职业联赛（简称CBA）。1997年11月，国家体委成立了篮球运动管理中心，在管理体制改革上迈出了重要的一步。通过改革实践，市场经济和体育产业化使我国篮球运动发生了深刻变化，迸发了新的生机和活力，不仅初步摆脱了困境，而且展现出更为广阔的发展前景。CBA联赛的成功进行，吸引了众多篮球爱好者和社会的关注，老将新秀的出色表现有效地扩大了篮球的影响力，王治郅、姚明、巴特尔、孙悦、易建联进军美国男子职业篮球联赛（简称NBA），进一步扩大了中国篮球的影响力，促进了篮球运动的全面普及与全民健身活动的发展。而巨大的市场潜力也吸引了众多国内外企业加入，为其提供了有利的商机，迈出了篮球职业化、产业化的新步伐。

第三节 东莞百年篮球文化基础

一、传入起步阶段（1912年—1950年）

民国初年，篮球运动先是传入了东莞学校，然后逐渐扩大到全社会，深受各界民众的欢迎。民国期间，篮球运动兴盛于东莞各个学校，整个东莞城乡涌现出常平镇桥梓体育会篮球队、袁山贝村迅雷队、莞城商会代表队、石龙流星队、东莞中学队、明生中学队等一大批优秀男子篮球队。"以东莞中学、明生中学球艺最佳"，东莞中学与明生中学举行球赛是县城的一大盛事。而华青队历史最悠久。与华青队同时期的名队还有莞城西门队、市桥三约队、莞城威路士队、石龙英风队和龙星队、虎门要塞队、工商联代表队。教育界长期保持十多支强队，形成东莞早期民间半职业化体育俱乐部的雏形。各球队如雨后春笋，群雄四起，争霸风云，掀起了东莞最早的篮球运动热潮，为东莞这座城市播下具有顽强生命力的篮球文化种子，积淀了深厚的文化根基，造就了东莞百年篮球历史名城的开端。

二、东莞篮球发展前的助跑阶段（1949年—1966年）

据《东莞体育志》载："1956年县体委成立，以华青队为班底组成县队。其间，县工人文化宫每逢星期六、日晚均组织甲乙篮球赛。莞城区活跃的球队众多。1958年成立了县农民篮球队。1960年年初，县体校正式增设了篮球班。1963年，名将叶强从省前卫篮球队转业回东莞，与刘文女共同负责县代表队的组建与训练，年年赴惠阳地区参赛获奖，地区代表队有一半队员选自东莞。这个时期的篮球运动逐步由民间组织扩展到政府机关单位、企事业单位组织，训练比赛经费和运动员的待遇得到了保障，为下一个阶段东莞篮球运动的腾飞发展做了充分的助跑。

三、东莞篮球迅速发展并准备腾飞阶段（1970年—1990年）

1971年，东莞男篮在"文革"初期的停顿之后，重获惠阳地区第一名。1972年，组建县青年队。1973年，东莞女篮获得全地区冠军；1978年重建男女县级代表队。1982年8月正式成立东莞县篮球协会……篮球运动出现社会化趋势。

《东莞体育志》载："改革开放后，经济迅速发展，篮球活动更加活跃，节假日城乡均有篮球赛事。"1978年，当全国各地纷纷解散县乡篮球队的时候，东莞县男女篮代表队反而大力恢复、完善起来。新选的乡镇队员被招收为城里的正式职工，经费有人出，训练有保障，全社会都支持自己的队伍；中国大多数地方都解散了群众体育组织，而东莞的全县篮球协会于1982年隆重成立，把群众篮球运动与体委专业指导机构结合起来，使东莞篮球进入一个多元化、社会化、多轨道、全方位的崭新时代。

1982年东莞篮球协会成立，与县体委合办多项篮球大赛，以满足城乡群众的精神需要。第一项大赛是"全县城镇职工男子篮球邀请赛"，连续比赛64场，各路高手纷纷登场亮相；第二项大赛是东莞"甲乙两级职工篮球赛"，各篮球队为了进入本县甲乙两级职工篮球序列，先是进行了多达100场的基础选拔赛，而后由35支优秀男女篮球队进行了113场的甲乙级升级赛，在职队员多达475人；第三项大赛是最为隆重的"全县乡镇（公社）篮球锦标赛"，各乡镇干部群众大面积高度亢奋，组建了71支男女篮球队向总冠军发起冲击。共有900多位农民运动员拼力参赛，在173场比赛中挥汗如雨！

同时，东莞还特邀国家级的权威裁判前来执教"全县篮球裁判员培训班"，以适应迅猛发展的篮球大势。还是1982年，东莞为了助推全县篮球竞技水平的提高，特地承办了全国五省女子篮球邀请赛，同时举办广东省第二届农民篮球赛，使全县球迷大饱眼福。最后，常平公社代表队夺得了后一项赛事的男篮冠军和女篮亚军，不负众望。当时，男女老少各路球迷观众，总数不下100万人。

1983年，由县工会、县体委以及莞城、太平、石龙三家镇级体委联合举办了超大规模的"全县职工篮球锦标赛"，逐级开赛选拔，男篮女篮齐上，从当年6月下旬连战至9月下旬。史载为："'文化大革命'以后第一次全县性的基

层职工篮球大检阅。"

1984年，主办赛事的主体进一步拓宽，香港同胞李耀坤父子赞助故乡篮球赛，清溪一个区即有35个队参加，大战60场，历时一个月；县篮协再接再厉，牵头首开全县篮球赛，不论工农兵学商，共有88支球队1056人参加了234场第二阶段比赛，前头第一阶段的选拔赛更是无法统计，仅附城一镇便有33支农民球队参加角逐；在全县上下大练兵的同时，县级代表队频繁作战，其中工人代表队获惠阳地区工人运动会男篮冠军、女篮亚军，然后代表惠阳地区参加广东省第二届工人运动会，获全省第4名。

1984年9月26日，东莞农民以常平镇男篮一镇之力，先获县、地、省三级冠军，然后独自代表广东省远征湖北、河南，大战全国第一届"丰收杯"农民篮球赛，荣获冠军。一时间，东莞男篮声威大震。

在整个20世纪80年代，东莞篮球事业不但没有衰退，反而为今后夯实了极其雄厚的基础。到了20世纪80年代末，陕西专业球员开始落户东莞。90年代初，宏远集团进一步引进国家队的退役球员成为"新莞人"，渐次拉开了90年代以后篮球职业化的序幕，东莞群雄从此走上了一条在更高层次上变革中国篮球的道路。

四、铸就"全国篮球城市"篮球文化名城（1990年至今）

1989年，东莞的公安、外贸、建设银行等单位，把招募篮球人才的眼光拓展到地区之外、广东以外，一直拓展到全国去了。好消息传遍了中国篮坛的各个角落。宁夏、吉林、河北、新疆、辽宁、安徽、湖北等地各专业篮球选手纷纷加盟东莞的机关和企业篮球队。他们办理落户手续，大大充实了东莞男女篮，东莞篮球从此开始逐步走向全国。

从1989年到1994年这五年间，也就是全国篮球事业十分萧条的时段，东莞出现了一个大力引进篮球人才的高峰期。据原体校校长钟自新所做的不完全统计，截至2010年10月底，东莞这个地级城市，吸纳了来自20多个省、市、自治区以及港台地区的专业篮球运动员达414人，篮球裁判员432人，学校篮球教师561人，俱乐部从业人员60人，篮球记者4人，转为职业球员的182人。融入东莞

32个镇区和各行各业的半专业篮球人更是多得无法计算。此外，还有来自9个国家的61位职业篮球人，先后担任外援球员或者助教。正是这样一大批人，和东莞体育界结合起来，和俱乐部投资商结合起来，建立了宏远和新世纪篮球俱乐部，创造了东莞篮球的辉煌战史。

东莞宏远集团、宏远职业篮球俱乐部创建人陈林，1993年12月28日成功注册全国第一家民营职业篮球俱乐部。首批正式签约注册的队员有：马永忠、王怀玉、郝焕新、关德友、李青山、范立臣、李群、张勇军、李春江、黄云龙、林耀森、宋希。主教练王利发，原国家女篮的教练；教练蔡美珊，原湖北省队教练。后来入队的杜锋、朱芳雨、易建联、王仕鹏、陈江华也都入选了国家队，杜锋和朱芳雨还多次得过CBA总决赛的MVP（最有价值球员），易建联一直打到美国NBA去了。

2004年至2006年宏远队获得中国男子篮球职业联赛（CBA）三连冠；2008年至2011年获得中国男子篮球职业联赛（CBA）四连冠；2013年获得CBA总冠军，拥有"十年八冠"的美称——陈林打造了一个宏远篮球王朝，在探索中国篮球职业化的道路上，积累了宝贵经验，在中国篮球当代发展史上写下了非凡的一页，做出了特殊贡献。

图1-3-1　与明星偶像杜锋合影留念

东莞篮球的发展历程是一部百年篮球运动史，东莞篮球的兴盛，实际上是篮球文化不断积累沉淀、厚积薄发的结果。近百年来，东莞把篮球文化同自身

城市特质相结合，不遗余力地传承与发扬篮球文化，篮球文化成为东莞城市文化的重要组成部分，使东莞获得了"全国篮球城市"的殊荣，篮球成为东莞最响亮的城市名片之一。篮球文化深深地扎根于东莞人民群众的生活中，东莞篮球形成了浓厚的文化氛围，开启了开放创新之路。因此，全园性幼儿小篮球活动课程顺应社会历史文化的发展而诞生。

第四节　小篮球运动的发展历程简介

一、小篮球的定义

《国际小篮球委员会章程》第2条指出："'小篮球'被定义为12岁以下儿童所从事的篮球运动。"《国际小篮球规则》明确指出："'小篮球'是全世界12岁以下男女儿童的一种游戏。它为儿童提供了一种创造性的、欢乐的娱乐手段，并使之熟悉篮球运动。""它富有基本技术和身体训练手段，富有发展社会性和培养集体主义作风的条件，有助于男女儿童准备和参与多种体育运动，鼓励他们走上愉快的和成功的体育生活。"

二、国内外小篮球运动的兴起与发展

最早开展这项活动的是美国。1948年，美国教师杰伊·阿切尔把一群8～12岁的儿童组织起来进行比赛，他采用的是一种小而轻的篮球和比较低的篮架。由于阿切尔的倡导，小篮球活动在美国各地逐步开展起来，后来还影响到邻近各国。

1962年，西班牙《篮球》杂志宣传开展小篮球活动的积极意义，在热心少儿训练的安·洛佩斯和埃斯佩里亚全国俱乐部的推动下，小篮球活动在西班牙也得到了广泛开展，并很快被推广到其他欧洲各国。

1967年，在美国斯克兰顿举行了世界小篮球比赛，共有10个国家参加。1968年，国际奥委会代表大会正式通过决议，确认开展小篮球运动的价值，并建立了国际小篮球委员会，为国际篮联下属国际性组织，洛佩斯当选为该委员会主席，杰伊·阿切尔被选为副主席。随后，国际小篮球委员会还制定了《小篮球手册》，作为开展小篮球运动的指导性文件。1970年，国际小篮球委员会又对小篮球运动的场地、器材和竞赛办法等做了原则性规定。1970年在西班牙马德里召开了第一届世界小篮球委员会（国际篮联机构之一）会议，1972年在西班牙举行了第一届国际小篮球锦标赛。从此，小篮球运动便在更多国家中开展起来。像苏联、联邦德国、日本、保加利亚、南斯拉夫等都相继为推动本国的小篮球运动投入了大量人力和资金。美国每年都为成千上万的少年儿童组织各种小篮球夏令营、冬令营活动，欧洲、南美的一些国家还专为少儿训练设立篮球学校，这些学校的"小班"，就专门进行小篮球训练。欧洲、美洲的小篮球运动开展得较好，法国、瑞士经常举行8~10岁、11~12岁两个组别的全国小篮球锦标赛。捷克斯洛伐克也有全国小篮球锦标赛制度。罗马尼亚则把小篮球列为全国运动会比赛项目。小篮球在南美洲的开展也相当广泛，在中美洲和加勒比地区均成立了小篮球委员会，1979年，在非洲也开始有小篮球活动和比赛。

在国内，小篮球运动在我国辽宁、江苏、上海等不少省市也有开展；天津市曾开展过小篮球活动，对天津篮球运动发展起到了积极的作用；1958年，哈尔滨市创办了幼儿小篮球活动，他们大胆改革篮球场地、器材和规则，在幼儿园里开展了小篮球活动，为黑龙江省输送了一批优秀的篮球选手，使省篮球队一直处于国内领先地位。1973年国家体委审订并出版了《小篮球运动规则（试行）》，1974年和1984年都举行过全国性小篮球比赛，然而普及程度并不理想。1986年7月，国家体委为进一步推动这一活动在北京召开了"小学篮球适宜形式鉴定会"，后来便在全国大、中城市广为倡导和推广，但就目前发展情况看，这方面的工作还有待我们做更多努力。

纵观我国小篮球近40多年的发展情况，小篮球运动推广和普及的效果并不明显，小篮球一般仅限于运动队的比赛训练，主要是为地区的篮球队培养和输送优秀的篮球运动员；而且大型比赛也出现长期中断现象，仅有部分地区或培训机构组织了局部赛事，这方面的工作还有待我们做更多努力。

直到2017年，中国篮协进行改革，重新推动小篮球运动。中国篮协主席姚明在2018年两会上提出了推广小篮球运动的草案，希望将"小篮球"做成更加标准化、更具操作性、更符合中国青少年身心发展特点的项目。

至今，小篮球运动在国内的研究侧重于专业训练的研究、小学篮球队训练与竞赛的研究、培养优秀篮球人才的研究，而且组织的比赛集中于小学阶段高年级小学生，小学阶段的低年级小学生小篮球运动教育的普及率非常低，缺乏对小学小篮球运动教育课程的研究。

第五节 全园性幼儿小篮球活动课程 的起源与发展概况

一、全园性幼儿小篮球活动课程的起源

21世纪全园性幼儿小篮球活动课程起源于东莞一所普通的幼儿园，是在2010年由东莞市机关第二幼儿园专职体育教师陈楚彬研发的。陈楚彬2001年大学本科毕业于广州体育学院，并任职幼儿园专职体育教师，是21世纪早期极少数的男幼师，可谓凤毛麟角，也是幼儿园体育教育研究的先驱者、开荒者，中国幼儿园现今也需要更多的专业体育教师进行幼儿体育教育研究。

受"全国篮球城市"东莞的篮球文化氛围影响，2006年陈楚彬带领团队开始进行幼儿园小篮球运动教育课程的课题研究，所研究项目《开展全园性小篮球运动教育的实践与研究》获得2011年广东省中小学教育创新成果奖。陈楚彬在该成果中提出了七大创新教育教学理念。

图1-5-1 2011年广东省中小学教育创新成果奖

（一）首次发表论文对全国体育学院篮球教科书中运球概念"拍"字错误的表述进行论证。

（二）根据幼儿的学习方式和特点，成功研究出有别于中小学教学方法的"帽子式运球"篮球运球教学方法，采用模仿游戏使运动技能教学游戏化，更适合幼儿学习，幼儿能更简易、更有兴趣地掌握运球动作技能，同时易于普通幼师（非体育教育专业教师，以下同）运用"傻瓜式"教学方法，教学效果显著，解决了阻碍小篮球运动在幼儿园普及开展的根本问题。

（三）首次提出并创编小篮球游戏，在游戏中逐步提高幼儿运球的动作技能和学习兴趣，提倡在游戏中潜移默化地习得运球技能，以小篮球游戏为载体来促进幼儿身心健康发展和提高社会适应能力。

（四）幼儿小篮球运动不是单一的"拍球"活动，而是要与体育器械和其他基本动作技能相结合，组织丰富多样的身体活动，综合提高幼儿的身体素质。

（五）首次提出对幼儿园所有教职工进行系列培训，扫清全面普及小篮球运动课程实施主体的教育教学盲区，使非体育教育专业教师掌握基本的教育理念和教学方法。

（六）提出在节奏音乐中快乐练习运球动作技能的理念。创编篮球操，有单球普及性的篮球早操、有双球的花式篮球操、有花式篮球表演队。增强小篮球运动的娱乐性，在愉悦中提升运球技能，也提高幼儿小篮球游戏参与水平。

（七）在实践中研究出全园性小篮球运动教育实施的构建模式，形成运动、教育、文化三位一体的课程整体发展观，使幼儿小篮球运动真正地在幼儿园普及起来，打破传统单靠小篮球运动竞赛带动，难于推动小篮球全面开展的局面。

2010年至2012年经过陈楚彬多次的推广讲座，全园性幼儿小篮球活动课程整体发展观的理念已对东莞市幼教界产生巨大影响，东莞电视台、广东省电视台、中央电视台等多家媒体的报道，以及陈楚彬通过互联网络的推广，告诉人们，幼儿园篮球可以全园小孩一起用游戏的形式玩，使幼儿小篮球运动逐步传遍全省乃至全国，在全国掀起了幼儿园小篮球热潮。这为幼儿体育教育事业做出了巨大贡献，影响了新时代的儿童运动趋向。近几年，全国小学生小篮球运动的真正兴起也得益于幼儿园小篮球活动的兴起。幼儿园篮球的普及，为幼儿小篮球动作技能打下了基础，为其往后在小学阶段学习小篮球提供了入门必备动作技术，维持儿童学习小篮球的连续性，使其快速掌握更多动作技能。因此小学生小篮球运动实施起来更顺畅，迅速发展起来。

综上所述，全园性幼儿小篮球活动课程是在深厚的篮球文化基础上发展起来的，顺应社会历史文化的发展而诞生，其文化根源是具有百年篮球文化的历史名城"全国篮球城市"——东莞。

二、全园性幼儿小篮球活动课程的发展历程

文献资料显示，正式对幼儿园小篮球进行教学与研究的文献是2010年陈楚彬所撰写的论文《篮球运球概念中"拍"字表述正误辨析》和《"帽子式"运球——幼儿篮球教学方式新探》，而在这之前有关幼儿小篮球的文献资料都是简单论述组织方式和意义，没有任何有关幼儿小篮球运球的教学研究。这两篇文章指出"拍球"是不规范的名称，并研究出如何简单、直观地让幼儿区分"拍"与"按"这两个动作的不同，使幼儿更好地理解运球的动作规律；研究出更适合幼儿学习小篮球的方法，更适合普通幼师操作应用的教学方法，与传统的教学方法明显区分开来。正因为有更科学的教学方法，解决了幼儿学习小篮球入门必学的运球问题，解决了普通幼师没有教学方法可参考的问题，才有了对全园开展篮球活动的研究，逐步形成了全园性幼儿小篮球活动课程。全园性幼儿小篮球活动的课程建设主要经历了如下四个阶段。

（一）第一阶段：对幼儿运动技能学习方式和教学方法的研究（2001—2005）

在这一阶段，东莞市机关第二幼儿园以基本体操为研究重点，对幼儿基本体操动作学习方式和教学方法进行了实践探索，力图以此为突破口开发一种适合该园体育活动发展需要的课程。虽然当时幼儿体操要全面开展有一定的难度和局限，但是这种局面引起了研究者思变，改变为以"全国篮球城市"篮球名城的本土社会历史文化为基础，选择幼儿小篮球运动为主要研究方向。

体操运动有"运动之母"的称号，其动作技能形成的规律与其他运动项目有相通之处。因此，这一阶段可以算是研究幼儿动作技能形成规律的经验储备阶段，为下阶段的幼儿小篮球教学研究奠定扎实的基础。

这一阶段的研究认识到：

1.幼儿体育活动必须尊重幼儿身心发展的规律和学习特点，以游戏为基本活动，组织方法要生动有趣、直观，易于幼儿理解和掌握。

2.幼儿体育活动必须内容丰富、器械种类齐全、组织形式多样，以吸引幼儿主动参与。

3.幼儿体育活动必须立足于本土社会文化基础，应与家庭、社区密切合作，综合利用各种教育资源，共同为幼儿的发展创造良好的条件。

4.幼儿园体育活动课程的内容必须是全面的、启蒙性的，各领域的内容相互渗透，从不同的角度促进幼儿情感、态度、能力、知识、技能等方面的发展，而不是选优训练，以高技能为目的。

5.幼儿运动技能的形成规律必须经历四个阶段，循序渐进。

（二）第二阶段：研究幼儿小篮球运球的教学方法、实施策略及其效果（2006—2009）

这一阶段主要是从理论和实践两方面进行研究。理论方面由文献资料可知，2009年之前关于幼儿小篮球教学方面的文献论述几乎没有，文献仅限于幼儿小篮球开展的意义和活动形式的论述，以及小学阶段篮球队竞赛与训练的文章论述，没有对幼儿小篮球教学和具体实施策略的研究。实践方面由观察和研究沿海较发达城市的幼儿园开展幼儿小篮球活动的实际情况可了解到，大多数幼儿园篮球活动的开展仅限于体育教师对幼儿篮球队的训练和竞赛，而普通幼师却是随意地、零星地开展幼儿小篮球活动。从实践中观察研究普通幼师辅导幼儿拍球的情况可以看出，其采用的教学方法比较单一，不够规范和系统。比如："像我这样做，像我这么拍，用大点力拍"；"大皮球圆又圆，拍一拍，跳一跳；拍得轻，跳得低；拍得重，跳得高"。这两种情况采取的是示范法，让幼儿模仿，辅导方法较单一，辅导语言较不准确，因为篮球并不是大力拍就能较好地控制的，"用力拍"的用词反而会误导幼儿，对"拍"字的误解后面我们有专门的章节论述。

由此可见，无论是幼儿园还是小学，小篮球运动教育的开展功利性比较强，追求的是单一的高技能竞赛和荣誉，普及情况非常不理想。针对国内外以上这些情况以及本园的实情，东莞市机关第二幼儿园解决了四方面的问题。

首先，由体育教育专业教师陈楚彬组建幼儿小篮球教学实验班，旨在对幼儿运球动作技能形成规律进行研究，寻找适合普通幼师和幼儿的教学方法，解决幼儿小篮球入门必学的动作技能教学问题，为后续开展丰富多彩的篮球游戏提供前提条件。

其次，根据幼儿的生活经验和身心特点，创设了"帽子式"运球的教学方法，并在实践中检验教学效果；同时，对幼儿园的全体教职员工进行培训，使普通教师很好地掌握了篮球教学指导步骤。

再次，通过观察分析运球的动作规律，对全国体育学院篮球教科书中运球概念"拍"字错误的表述进行论证，认为人们用"拍球"这个通俗的称呼会误导初学者学习运球动作。同时，研究出如何简单、直观地让幼儿区分"拍"与"按"这两个动作的不同，使幼儿更好地理解运球的动作规律。因此，将"帽子式"拍球的名称改为"帽子式"运球更准确。

最后，研究对幼儿园各年级幼儿实施"帽子式"运球的策略、教学指导步骤、教学原则。在日常的教学实践中应用此教学方法，通过观察各个年龄段幼儿的动作掌握程度，研究适当的实施策略和指导步骤，继续深入研究"帽子式"运球的创设依据，检验其实施效果，逐步修正教学方式，形成"帽子式"运球动作技能教学游戏化的理念。

2009年6月6日恰逢我园建园20周年，在园庆活动中，由陈楚彬老师创编的《酷乐篮球》幼儿花式篮球表演节目引起全场轰动，这也成为我园研究全园性幼儿小篮球活动课程的导火线，使园方决定研究如何在全园实施小篮球体育活动。

（三）第三阶段：全园性幼儿小篮球活动课程的正式确立阶段（2010—2014）

找到了解决关键问题的方法，也就找到了普及幼儿园小篮球运动开展的入门必学运球关键动作的方法——"帽子式"运球教学方法。在前期研究的基础上，开始思考全园性幼儿小篮球活动课程的开发与建设。因此，这一阶段主要是边研究边形成理论性文献资料，反思实践问题情况，提炼课程实施策略的要点，架起实现课程建设的基本框架，确立发展目标。同时，这一阶段也是成果推广应用的最高峰时期。

1. 具体事项有以下情况

（1）对普通教师进行培训，培养其形成幼儿小篮球运动教育教学理念，转变教师的传统观念，使其明白在游戏中要有目的地、逐步地提升幼儿运球的动作技能水平，要在游戏中渗透教育性内容，理解运动的基础性、阶段性、教育性，而不是单一地、盲目地强化训练。然后以动作技术水平、分年龄段进行小篮球游戏和篮球操等的创编，利用小篮球游戏组织幼儿进行户外体育活动，将篮球操编入幼儿早操环节，丰富全园性幼儿小篮球活动的内容。

（2）对幼儿小篮球的场地器械和活动组织形式进行研究，在时空方面进行合理规划。如图1-5-2，创建和研发更多的活动空间和器械，儿童学习运球器适合幼儿模拟运球的动作规律，自主体验练习，在玩器械中提高动作技能；安排更多、更合理的活动时间；创设小篮球游戏和篮球操等，目的是丰富活动内容和活动形式，提供更多的操作材料和时间；利用社区资源和家庭教育资源，为孩子创造更多的篮球学习机会，在活动中综合发展幼儿的整体水平。

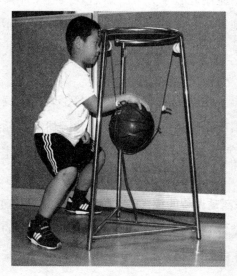

图1-5-2　儿童学习运球器

图1-5-3　儿童学习运球器专利证书

（3）及时总结实践研究结果，形成独特的理论体系，撰写并发表论文。在实践中研究出全园性小篮球运动教育实施的构建模式。本课题的研究成果《开展全园性小篮球运动教育的实践与研究》于2011年12月获广东省中小学教育创新成果三等奖。至此，我园正式确立全园性幼儿小篮球活动课程为以后深化研究方向。其中，2010年4月论文《篮球运球概念中"拍"字表述正误辨析》和《"帽子式"运球——幼儿篮球教学方式新探》分别发表于省刊《体育师友》

和中文核心期刊《教育导刊》；课例《"帽子式"运球法》在2011年被收编在西南师范大学出版社、教育部教育管理信息中心组编的《全国优秀幼儿健康教育活动课例评析》一书之中。

2. 研究成果推广应用途径

（1）通过成果推广会传播专业理论、新的教育教学理念和教学方法

2010年6月22日我园向全东莞市幼儿园骨干教师公开推广"帽子式"教学方法，帮助大家走出"拍球"的误区，讲述如何简单、直观地让幼儿区分"拍"与"按"这两个动作的不同，使幼儿更好地理解运球的动作规律。同时，展示我园幼儿的小篮球游戏活动；2011年4月27日再次向全市幼儿园教师公开展示小篮球游戏及篮球操；2012年6月16日，课题的研究成果《开展全园性小篮球运动教育的实践与研究》作为东莞市教育普及系统幼儿园优秀科研成果在教师进修学校向全市同行汇报，受到与会教师、专家们高度赞扬。推广活动在东莞市的幼儿园中产生了巨大的反响，我们从思想上彻底改变了幼儿园教师对篮球活动的教育教学理念，使其从实际操作中学会新的教学方法；我园幼儿小篮球展示活动告诉大家：幼儿园篮球可以这样玩。

（2）省内外幼儿园争相来园学习，邀请专家对其教师进行培训

2010年10月20日，陈楚彬老师应邀对东莞市机关第一幼儿园教师进行幼儿小篮球教学培训；2012年6月应邀对东莞市企石镇的幼儿园教师进行幼儿小篮球教学培训；2014年3月29日应湖南省娄底市民办教育协会的邀请，对全市127名幼儿园代表教师开展幼儿园小篮球运动特色教育专题讲座和实际操作培训，得到高度认可；2014年7月应邀对东莞市南城区尚城幼儿园的教师进行幼儿小篮球教学培训。

（3）通过互联网络向全国推广传播

2010年制作多媒体教学视频，拍摄、制作幼儿小篮球"帽子式"运球教学示范视频，该作品2010年获东莞市计算机教育软件比赛二等奖。利用互联网络，在优酷视频网上传幼儿小篮球"帽子式"运球教学示范视频和幼儿花式篮球表演视频，向全国推广传播。

（4）通过国内多家媒体报道宣传

2012年3月13日，中央电视台第四频道《远方的家·沿海行》栏目来我园采访小朋友们的篮球梦想，报道我园幼儿小篮球运动的教育理念和普及的情况，

节目中展现了东莞篮球娃娃的风采和东莞"全国篮球城市"浓厚的篮球氛围和群众基础，为东莞城市增添光彩。

图1-5-4　中央电视台记者采访小朋友

当近百名小朋友开始双手运两球的花样表演时，场面壮观，令人感到很惊讶。活动过程中，小朋友们在球艺方面表现出色、表演精彩；在游戏中表现得快乐向上、活泼可爱，朦胧地表达自己对篮球梦想的憧憬，充分地展现东莞人民对篮球运动的浓烈热情和深厚感情。

2012年4月10日该节目的首播，倍受社会各界关注和称赞。东莞电视台、东莞阳光网、《东莞时间报》等多家媒体争相报道。5月31日省、市领导在儿童节前来园慰问小朋友时，小朋友们的表演引起了领导们的阵阵喝彩，雷于蓝副省长被展示场面所震撼，多家新闻媒体报道了雷于蓝副省长的话："这个活动很精彩，东莞为'全国篮球城市'真是名不虚传，这里说不定就能走出国家队运动员。"

由谭杰创编，陈楚彬、潘晨瑶辅导的以小篮球教育为主题的舞蹈《快乐篮球》荣获2013年广东省第九届少儿艺术花会比赛金奖。《快乐篮球》是东莞市机关第二幼儿园幼儿小篮球运动特色教育研究的成果之一，是篮球运动教育与舞蹈艺术教育的结晶。由球场到舞台，是舞蹈让篮球说话，让运动有了情感，让孩子的情感充分抒发。舞蹈表现了东莞幼儿园里的孩子从小喜欢篮球运动，是篮球陪伴着孩子在嬉戏玩耍中成长，舞炫球艺，张扬个性，孩子们表现得阳光健康、坚毅自信、团结向上，舞蹈给人带来视觉上的冲击、情感上的震撼。

图1-5-5 幼儿舞蹈《快乐篮球》

《快乐篮球》花式篮球节目在2014年8月31日作为由姚明举办的"姚基金篮球慈善赛"的开场表演，吸引了全国众多媒体的关注，新华社、中新社、央视体育频道、《中国日报》《晶报》、乐视网等多家媒体来园实地采访，报道我园小篮球特色教育的情况。《快乐篮球》节目很快在省、市乃至全国掀起一股幼儿学习篮球的热潮，对传播幼儿篮球活动和促进幼儿体育活动发展具有深远的意义。

图1-5-6 "姚基金篮球慈善赛"开场表演

2010年全园性小篮球运动特色教育，是全国首创的，小篮球运动特色教育在我园播种子，在东莞生根发芽，几年后在全国各地开始蔓延、开枝散叶，成为今天的热门活动。"帽子式"运球、小篮球游戏、篮球早操、幼儿花式篮球表演等活动的教育理念、教学方法都是我园首创的，我们积极通过互联网让全园性幼儿小篮球运动教育的理念迅速在全国传播，起到示范引领的作用，推动我国幼儿小篮球运动普及教育的发展，使更多的幼儿身心得到更好的发展。

得到诸多新闻媒体的报道和关注，社会影响力越来越大，得到幼儿的喜爱，家长和社会的肯定，同行的认可，我园也对幼儿小篮球运动教育路线的正确性更加坚定了，我们会再接再厉，继续努力研究，争取更大的成果。

（四）第四阶段：全园性幼儿小篮球活动课程的系统化研究阶段（2015年至今）

经过前三个阶段的探索研究，东莞市机关第二幼儿园在实践中形成了自己的教育理念和教学方法，初步形成了全园性幼儿小篮球活动课程的基本框架。这一课程因符合幼儿的年龄特点而受到幼儿的喜爱，因容易实施而受到幼儿园老师的认可，也因对促进幼儿身心发展具有明显的效果而受到有关专家和幼教同人的肯定，但作为一种幼儿园课程，全园性幼儿小篮球活动课程还有许多方面需要进一步探讨和完善。于是，我园开始着手对全园性幼儿小篮球活动课程进行系统化的研究，深化研究课程的实施缘由，对课程内容的选择和实施进行标准化研究，使之有利于普通幼师操作，起到有效指导作用。这些研究包括：从理论上对全园性幼儿小篮球活动课程的合理性进行论证；系统探索全园性幼儿小篮球活动课程体系，包括初步建构全园性幼儿小篮球活动课程的目标，研究全园性幼儿小篮球活动课程内容选择、组织、实施和评价的原则以及方法等。这些研究在一定程度上提高了教师对全园性幼儿小篮球活动课程的认识，增强了教师实施课程的自觉性和科学性，为进一步完善课程体系提供了条件。

十余年的课程发展实践使我们越来越深入地认识到，幼儿园课程建设是一个复杂的过程，这一过程受很多因素的影响，特别是课程要建立在本土文化的基础上，才能更有生命力、更有效地实施。这些就需要课程实践者的共同努力，更需要课程管理人员对课程走向的自觉思考。我园地处百年篮球历史文化名城"全国篮球城市"——东莞，有着得天独厚的篮球文化底蕴，深厚的群众基础，因此，全园性幼儿小篮球活动课程的编制必须立足于东莞的篮球文化，开展幼儿小篮球活动教育，形成幼儿小篮球文化教育建设体系雏形，逐步形成东莞本土独特的幼儿园小篮球活动课程——"莞篮游戏"。

全园性幼儿小篮球活动课程是在深厚的篮球文化基础上发展起来的，顺应社会历史文化的发展而诞生，其文化根源是具有百年篮球文化历史名城"全国篮球城市"——东莞。

第二章

全园性幼儿小篮球活动课程

全园性幼儿小篮球活动课程是社会文化的产物，是人们的社会活动、文化活动、教育活动的综合反映，其建设和发展要立足于本土文化的基础和传承，所以，这种课程必然是综合性的课程，课程建设与发展要根据理论设定整个课程的基本架构，确定正确的课程理论基础和依据，指导课程向正确的、有效的、深层的方向发展，使课程实施者建立一个整体的课程发展构图和课程观，利用小篮球活动为载体，实现全面促进幼儿身心健康发展。

第一节　全园性幼儿小篮球活动
课程的核心概念与界定

课程是实现幼儿园教育目的的手段，它是幼儿园实践工作者借以促进儿童发展、贯彻落实先进的幼儿教育理念、有效完成幼儿园双重任务的重要桥梁和媒介。课程核心概念的界定在课程建设中具有至关重要的作用，它关乎课程理论体系构建的方向和内容，更关乎课程实践的指导与规范以及课程实施效果的评价。因此，要先探讨和厘清与本课程相关的若干概念。

一、全园性幼儿小篮球活动课程

全园性幼儿小篮球活动课程是依据先进的教育理念，立足于东莞篮球文化的传承，提出以小篮球活动主题为载体，以运动、教育和文化三位一体为教育目标，为幼儿提供有关身体的、情感的、认识的和社会性的一种综合性的活动课程。其是幼儿园促进幼儿全面和谐发展教育的一个重要组成部分，是幼儿园体育活动课程的主要组成部分。幼儿园小篮球活动是由篮球基本技术动作与幼儿的爬、走、跑、跳、投、躲闪等基本动作和体育器械相结合的综合性体育活动，以体育游戏的形式组织，能够满足幼儿对各种运动形式的需求，能对幼儿身心健康起到重要促进作用。

二、全园、幼儿小篮球、篮球文化、活动课程

（一）全园

在本课程探索之初，对"全园"这一概念的认识仅限于全幼儿园的幼儿这一层面，旨在普及幼儿小篮球运动，改变只训练少数的幼儿篮球队的局面，这已经是很大的突破和创新了。但随着课程研究与实践的逐步深入，我们认识到"全园"应该不只是全幼儿园的幼儿运动技能的发展，而是应该使幼儿身体各部分都得到全面的锻炼，促进幼儿的全面发展。同时，我们认识到"全园"也应该包括全体教职工的教育教学理念和实施评价的能力，也应该包括全园的篮球文化环境的创设和器械的选择、设置等构建元素。

（二）幼儿小篮球

"小篮球"在幼儿园更应该被当作儿童玩耍的一种游戏，全园性幼儿小篮球活动课程要回归其游戏的本质。它不再是单一的运动技能、单一的运动教育，而是已经超出运动范畴，是促进幼儿全面发展的途径，是实践课程的载体，是实现先进教育理念的手段。同时，要与中小学、成人、运动员的篮球区分开，通常这些篮球运动具有很强的竞技内容，是一种身体对抗激烈的比赛运动，它的组织形式和理念与幼儿教育性质不相符，不适合在幼儿园普遍开展。更何况目前没有研究或实验结果证明幼儿进行剧烈的篮球对抗比赛不存在隐藏性的运动损伤，如幼儿心血管系统、呼吸系统是否超出负荷，是否存在内在的损害和留下后遗症等。

（三）篮球文化

篮球文化是伴随篮球运动的产生而产生的，是人们对篮球运动的认识和行为的社会反映，即在一定的社会环境下对篮球运动自身特点、规律理解的社会反映，以及由此产生的篮球运动对于开展地区社会的直接、间接的价值体现。[①] 由此可见，篮球文化是人类社会生活与历史活动的产物，是人类高级心理机能的反映。课程又是由文化衍生出来的，同时又能传承文化，文化作为课

---

① 乐玉忠，张伟.校园篮球文化建设与教学创新探索［M］.北京：中国商业出版社，2017（8）：32.

程的母体决定了课程的文化品性，并为课程设定了基本的逻辑规则和内容范畴，幼儿园课程与文化有着密切的关联，课程的设计要立足于本土文化的传承，又要吸取其他文化中的精髓。

（四）活动课程

活动课程是以儿童的兴趣、需要和能力为出发点，通过儿童自己组织的活动而实施的课程。活动课程打破了学科课程本身的逻辑，注重儿童的学习过程本身。

学科课程，指的是根据培养目标和科学发展水平，从各门科学中选择适合一定年龄阶段儿童的发展水平的知识，组成教学科目。学科课程将科学知识加以系统组织，将教材依一定的逻辑顺序加以编排，注重儿童在学习过程中知识和技能的掌握。

学科课程注重让儿童掌握基础知识和技能，而且容易被教师把握，长期以来，被广泛运用，但是，它只关注学科逻辑，容易脱离儿童的生活实际。相反，活动课程能从儿童的兴趣和需要出发，与儿童的生活相贴近，但是，它却因为缺乏严格的计划，而不容易使儿童掌握系统的知识。学科课程和活动课程两者各自的长处正是对方的弱点。[①]

由于全园性幼儿小篮球活动课程需要以一定的篮球运动技能为载体才能实现，因此在课程编制时，全园性幼儿小篮球活动课程将结合学科课程和活动课程各自的优点，以活动课程为主，以培养和引起幼儿的兴趣为基础，从幼儿本身的社会活动出发，让幼儿在"玩中学"的主动活动中去获得经验。

---

① 朱家雄，黄瑾，李召存，等.幼儿园课程的理论与实践［M］.上海：华东师范大学出版社，2016（5）：9.

第二节　全园性幼儿小篮球活动课程的理论基础

随着我国经济社会发展、人们的生活文化水平不断提高，篮球运动也迅速发展，幼儿园的篮球活动也遍地开花，但幼儿园教育者对于幼儿园开展篮球活动缺乏系统性的研究，对其发展方向和实施内容缺乏思索，容易被社会上的培训机构带向单一的运动技能训练发展方向。因此，必须对影响全园性幼儿小篮球活动课程的质量的因素进行科学研究，明确本课程的主要要素，尤其是最为核心的要素——幼儿园课程的教育理念。

幼儿园课程的教育理念是该课程所依据的教育哲学以及所反映的教育目的，是幼儿园课程的价值取向之所在，幼儿园课程的其他成分，包括课程目标、内容、方法和评价都是在此基础上产生和发展的。课程的理念一旦确定，课程目标、内容、方法和评价等课程的其他各种要素就可以在课程理念的统合之下形成一个协调的整体，并发挥其总体的功能。下面将从运动文化、运动教育、运动技能三方面的教育理念分析全园性幼儿小篮球活动课程所依据的理论基础。

一、本土传统文化、篮球文化教育融入全园性幼儿小篮球活动课程的理论基础

幼儿园课程与文化有着密切的关联。课程是由文化衍生出来的，同时又能传承文化，文化作为课程的母体决定了课程的文化品性，并为课程设定了基本的逻辑规则和内容范畴。儿童的成长，部分在于他不断接受其所处文化的价值的灌输，也在于他确认其所处文化的特定符号和观念，并了解文化内涵及其功能。课程应该明确地反映文化的价值观，文化不仅与幼儿园课程设计、编制和实施中涉及的"教什么"和"如何教"等问题有关联，而且在很大的程度上影

响着，甚至决定着幼儿园课程编制中的"为什么教"的问题。①

1. 文化教育学理论

文化教育学（或称精神科学教育学）是20世纪20年代出现在德国的一种教育学说，其代表人物有狄尔泰（Dilthey. W）、斯普朗格（Sprangger. E）、李特（Litt. T）等。文化教育学将"教育、文化、人三者连接起来，融为一体，把教育看作一个人生完成、文化变迁的永恒过程"。狄尔泰的学生斯普朗格认为"教育是一种'文化活动'，教育的本质是文化传递的过程，其目的在于人的心灵的'唤醒'"。由上述可知，个人的发展即是文化与个人相互作用的过程，教育的过程也是文化传递的过程。课程作为教育的子成分，实现教育目标的有效载体，必然与文化有着紧密联系。课程缘起于文化传承的需要，没有文化便没有课程，文化直接决定着课程的文化角色、品质和功能。

2. 文化——历史发展理论

苏联心理学家维果斯基创立的"文化历史发展理论"，特别强调社会文化——历史因素对人的心理发展所起的作用。确切地说，"心理发展的过程就是人的心理从低级心理机能向高级心理机能发展的过程，而这一发展过程的实现是通过语言符号的中介和调节、知识的内化、社会活动的参与和最近发展区的跨越为条件的"。人的心理发展，特别是高级心理机能的发展是以社会文化的产物——语言符号为中介，通过调节的作用而实现的，是受人类的文化——历史因素所制约的。维果斯基特别强调在人的发展过程中社会文化历史的作用，尤其强调活动和社会交往在人的高级心理机能发展中的突出作用。这一理论揭示任何个体的发展都不可能摆脱其所在地域的文化历史的烙印。而地方文化是当地文化——历史的重要反映，是我国文化的重要组成部分，对儿童文化性格的形成起着潜移默化的作用。

因此，将东莞市本土传统文化、篮球文化作为全园性幼儿小篮球活动课程的资源，具有积极的文化意义。运用这一理论确定"全园性幼儿小篮球活动课程"设计、编制和实施的价值取向，根据这种理念对幼儿进行篮球文化教育和

---

① 朱家雄，黄瑾，李召存，等.幼儿园课程的理论与实践［M］.上海：华东师范大学出版社，2016（5）：40.

本土文化传承，在东莞社会文化发展的基础上，吸取多元文化的精髓，创设丰富的文化教育内容和环境，创设多元的小篮球活动课程的教育目标。

所以，文化教育学理论、文化——历史发展理论为全园性幼儿小篮球活动课程融入篮球文化教育提供了理论依据，具有重要的启示和借鉴意义。教育的首要功能是传承文化，幼儿园教育是传播本土文化的重要途径，幼儿阶段了解和体验家乡丰厚的历史文化内涵是十分重要的。要为幼儿提供感受和体验家乡文化的机会，从而培养幼儿对社会的认同感，加深他们对本土文化尊重和热爱的情感，为传承优秀的文化传统奠定基础。

二、运动教育基本思想作为全园性幼儿小篮球活动课程的理论基础

运动教育是对儿童进行运动技能教学的一种适应个人需要的、有主题的和促进其发展的方法，它包含着比儿童身体方面更多的内容，而且，它把儿童看作一个完整的个体。实质上，运动教育是同时提供有关身体的、情感的、认识的和社会性的活动的一种综合性的课程。[①]

当前，在幼儿小篮球教学方面，大多数的活动只是单一地强调身体方面的发展，而忽视了幼儿的情感、社会性、认知以及创造性的发展。而运动教育理念的教育目标就是要使幼儿"学会学习，学会生活，学会做事，学会做人"[②]，正是要改善这些不利的现象，力图使幼儿成为一个完整的人。因此，全园性幼儿小篮球活动课程运用这一理论，使幼儿园小篮球活动回归其游戏的本质，创设小篮球游戏让幼儿在愉快的游戏中体验，逐步增加幼儿的运动经验，提供有关身体的、情感的、认识的和社会性的运动学习环境，促进幼儿全面发展。

三、全园性幼儿小篮球活动课程中运动技能形成规律的理论基础

运动技能也称动作技能，它是指人体在运动中掌握的有效完成专门动作的

① 刘馨.学前儿童体育［M］.北京：北京师范大学出版社，2000：172.

② 王结春. 西方运动教育的运动竞赛文化意蕴［J］. 安徽师范大学学报：自然科学版，2013，36（5）：502–505.

能力。如果说一个人能以较高的准确性、较少的时间、较小的能量完成某种特定的身体运动，就可以说这个人获得了动作技能。动作技能的形成，通常经历以下三个相互联系的阶段：1.粗略掌握动作的阶段；2.改进和提高动作的阶段；3.动作巩固和运用自如的阶段。

全园性幼儿小篮球活动课程运用这一理论，对于指导课程目标、内容、实施、评价等要素科学地编制有重要意义。明确幼儿动作技能形成是一个逐步发展的过程，避免采取强化训练的措施，而是将动作技能教学游戏化，教学目标要隐藏于游戏活动中，在潜移默化中综合地发展幼儿。所以，运用好这一理论指导幼儿篮球动作技能的有效发展是整个课程的关键因素，关系到课程能否全面实施，能否采取科学的方法实施。

综上所述，全园性幼儿小篮球活动课程的教育目标是将文化、教育、运动融为一体，课程的理论基础是影响课程理念的主要因素，决定课程目标、内容、方法和评价的设定和编制。

第三节 全园性幼儿小篮球活动课程的目标

课程目标是人们对课程的预期结果，只有具有明确的课程目标，才能指引课程建设走上正确的路线，才能找到实现目标的最优过程和方法，才能评价教育活动的过程和结果。《3～6岁儿童学习与发展指南》以为幼儿后继学习和终身发展奠定良好素质基础为目标，以促进幼儿体、智、德、美各方面的协调发展为核心……建立对幼儿发展的合理期望，实施科学的保育和教育方法，让幼儿度过快乐而有意义的童年。全园性幼儿小篮球活动课程也是以此为最终目标，课程的内容、实施方法、评价都是以"为幼儿后继学习和终身发展奠定良好素质基础"为指导，以促进幼儿体、智、德、美各方面的协调发展为目的，而不是以追求单一的运动技能提高或成为技艺高超的篮球运动员为目的。

全园性幼儿小篮球活动课程目标是依据课程理念而设定的，其主要来源是：增强幼儿体质的需要、本土文化传承的需要、当代社会发展的实际需要，从而构建起"运动技能、运动文化、运动教育"三位一体的课程目标。

一、增强幼儿体质的需要

体质是指人体的质量。具体地说，是指人体形态结构、生理功能和心理因素的综合的、相对稳定的特征。通常包括：体格、体能、人体适应能力、心理状态四个方面，这四个方面是相互联系、相互促进的，是一个完整的统一体。衡量幼儿体质的强弱，应该从以上方面来全面加以考虑，若要增强幼儿的体质，也必须使以上诸方面都能得到适宜的、全面的、协调的发展，即达到体格健壮、体能全面发展、人体适应能力强、心理状态良好。影响幼儿体质强弱的因素有很多，有遗传、变异、疾病、营养状况、生活环境与条件、体育活动与身体锻炼等。其中，科学的、适合幼儿的体育活动，是增强幼儿体质最积极、最有效的因素，也是促进幼儿健康的一种积极手段。

全园性幼儿小篮球活动课程依据幼儿身心发展的特点、幼儿体育活动的规律，以及幼儿园教学实际，采取科学的、适合幼儿的小篮球身体运动来实现增强幼儿体质的维度目标。这一维度目标参照幼儿园体育总目标，以此引领教师的教育实际。

（一）激发幼儿参加体育活动的兴趣，培养幼儿参加体育锻炼的习惯。

（二）发展幼儿的基本动作，促进幼儿身体的正常发育，逐步形成正确的身体姿势，促进幼儿身体素质和基本活动能力的协调发展，增强体质。

（三）在体育活动中促进幼儿的好奇心、探究意识、创新能力和认知能力的发展。

（四）通过多种形式的体育活动，提高幼儿对自然环境和社会环境的适应能力，培养坚强勇敢、乐观自信、不怕困难的意志品质。

二、本土文化传承的需要

随着城市化和全球化的推进，许多人采取城市快节奏的生活方式，致使许多植根于当地的本土文化渐渐消失或市场化。东莞是百年篮球历史文化名城"全国篮球城市"，虽然有着深厚的篮球文化底蕴，但随着社会快速发展，当前的东莞若要维持"全国篮球城市"这个称号或走上更高台阶，推动本土篮球文化的传承与创新是意义重大的，只有继续夯实东莞本土篮球文化，保持厚实的群众基础，城市的篮球文化才能更有竞争力。

而教育具有传承和更新文化的功能，文化也正是通过教育得以保存和发展的。课程是实现教育目的的主要途径，在课程中关注地方文化具有实现文化传承和儿童发展的双层功能。儿童不仅受当地文化的影响和熏陶，还创造、推动着当地文化的发展。儿童既是地方文化的实践者，又是地方文化的受益者，儿童的生活过程就是儿童创造并接受地方文化的过程。地方文化是一个地区历经漫长时期发展而沉淀下来的智慧结晶，承载着当地人民的精神需求，承载着当地的环境、生活、历史、风貌等因素。所以，地方文化是培养儿童民族认同感潜在而有效的方式。地方文化使儿童在循序渐进的过程中接受文化的陶冶，进而认同当地文化、反思当地文化、表现当地文化，逐步认识自己民族的历史变迁、文化发展，热爱本地区、本民族的文化，提高民族归属感，自觉担当保护和继承地方文化的重任。

因此，全园性幼儿小篮球活动课程就是本土文化传承的需要，是在深厚的篮球文化基础上发展起来的，顺应社会历史文化的发展需求而诞生，在课程中融入东莞本土优秀传统文化，如在幼儿小篮球活动中融合"舞狮子""舞麒麟""赛龙舟""饮食文化"等等，是对东莞篮球文化的传承和创新，对于从群众基础的源头持续夯实东莞本土篮球文化具有里程碑意义。

图2-3-1　舞狮子

图2-3-2　狮子戏球

三、当代社会发展的实际需要

《幼儿园教育指导纲要》（以下简称《纲要》）和《3～6岁儿童学习与发展指南》（以下简称《指南》）的制定和颁布是为了适应社会发展的需要。随着当代社会的不断发展，社会对人才的需求也不断发生着变化，对教育也提出了不同的要求。在社会经济飞速发展的今天，高竞争性成为社会的重要特征。良好的身体素质和健康的心理素质，如承受失败与挫折的能力等，成为人在未来社会生存和发展的基本素质。当今社会越来越自由开放，人与人之间的沟通、交流与合作越来越频繁，乐于与人交往、善于与人合作、良好的语言表达能力和沟通能力等成为当今与未来社会人生存与发展的重要素质。由此可见，当今和未来世界需要的是德、智、体、美全面和谐发展的人才，教育的主要任务就是培养适应时代和社会发展要求的全面和谐发展的人才。

《指南》指出："幼儿社会领域的学习与发展过程是其社会性不断完善并奠定健全人格基础的过程。人际交往和社会适应是幼儿社会学习的主要内容，也是其社会性发展的基本途径。幼儿在与成人和同伴交往的过程中，不仅学习如何与人友好相处，也在学习如何看待自己、对待他人，不断发展适应社会生活的能力。良好的社会性发展对幼儿身心健康和其他各方面的发展都具有重要影响。"

《指南》指出："健康是指人在身体、心理和社会适应方面的良好状态。幼儿阶段是儿童身体发育和机能发展极为迅速的时期，也是形成安全感和乐观态度的重要阶段。发育良好的身体、愉快的情绪、强健的体质、协调的动作、良好的生活习惯和基本生活能力是幼儿身心健康的重要标志，也是其他领域学习与发展的基础。"

幼儿健康领域和社会领域的学习与发展都有一个共同发展目标就是培养幼儿良好的社会适应能力，而运动教育理念的教育目标——使幼儿"学会学习，学会生活，学会做事，学会做人"，正是要培养幼儿良好的社会适应能力，力图使幼儿成为一个完整的人。幼儿阶段是人发展的基础阶段也是关键时期，家庭、幼儿园和社会应共同努力，为幼儿创设温暖、关爱、平等的家庭和集体生活氛围，建立良好的亲子关系、师生关系和同伴关系，让幼儿在积极健康的人际关系中获得安全感和信任感，发展自信和自尊，在良好的社会环境及文化环境的熏陶中学会遵守规则，形成基本的认同感和归属感。因此，全园性幼儿小篮球活动课程依据这一理论，将在日常生活和游戏中为幼儿提供有关身体的、情感的、认识的和社会性的运动学习环境，促进幼儿的全面和谐发展作为课程的重要目标。

四、"运动技能、运动文化、运动教育"三位一体的课程目标体系建构图

幼儿园教育是基础教育的重要组成部分，是学校教育制度的基础阶段。《纲要》和《指南》中指出：幼儿园教育是以游戏为基本活动的；幼儿园的教育内容是全面的、启蒙性的；儿童的发展是一个整体，要注重领域之间、目标之间的相互渗透和整合，从不同的角度促进幼儿情感、态度、能力、知识、技能等方面的发展，促进幼儿身心全面协调发展。因此我们将全园性幼儿小篮球活动课程的目标概括为运动技能、运动文化、运动教育三个维度融为一体，从而实现幼儿知识与技能、情感与态度、过程与方法等方面的整体性发展，从而构建课程目标体系的建构图。（如图2-3-3）

全园性幼儿小篮球活动课程的目标主要通过篮球运动来实现，因此，课程的内容主要是以健康领域的教育目标为主，融合其他领域的教育目标，领域之间互相渗透，整体发展幼儿。对全园性幼儿小篮球活动课程目标分析主要有以下三方面。

运动技能主要是提高动作的协调性和灵活性，以促进幼儿身体正常的生长发育和机能的协调发展，增强幼儿的体质为目标。培养幼儿对体育活动的兴趣，积极主动参与各种形式的小篮球活动，通过小篮球活动来发展幼儿的走、跑、跳、钻、投掷等基本动作，提高幼儿动作的协调性和灵活性，增强身体素质，提高运动能力和对环境的适应能力。

运动文化主要是发展幼儿的社会性，充分利用本土文化资源，学习本土的文化、历史、地理，认识社会、认识世界，引导幼儿实际感受家乡文化的丰富与优秀，激发幼儿热爱家乡、热爱祖国的情感。《纲要》也指出："充分利用社会资源，引导幼儿实际感受祖国文化的丰富与优秀，感受家乡的变化和发展，激发幼儿爱家乡、爱祖国的情感。"教育的首要功能是传承文化，幼儿园教育是传播本土文化的重要途径，幼儿阶段了解和体验家乡丰厚的历史文化内

涵是十分重要的。

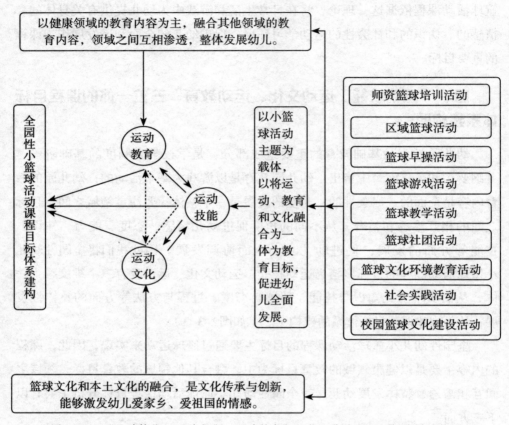

图2-3-3 "运动技能、运动文化、运动教育"三位一体的课程目标体系建构图

运动教育主要以健康领域的教育目标为主，融合其他领域的教育目标，领域目标之间互相渗透，整体发展幼儿。主要是培养幼儿在运动中学会主动学习、探索、创造。在小篮球运动教育中融入了社会领域教育内容，幼儿在学习文化、历史、地理、经济等领域的知识时初步认识社会、认识世界；在篮球活动中与同伴、教师和家长的学习、交往促进他们自我意识的形成，建立良好的人际关系，培养积极的情绪和情感，学习与人交往、合作、商量和分享；学习遵守规则、行为规范和安全制度，提高自我控制能力和自我保护意识。在小篮球运动教育中常常融合语言领域的交谈、商讨、讲述等教育内容；融合艺术领域的音乐节奏、动作审美、律动动作等教育内容；融合科学领域的空间运动方向、时间、空间方位、数量、分类等教育内容。

总之，运动技能、运动文化、运动教育这三者没有明显的界限，不可分割，应该融为一体，互相促进。因此，幼儿园小篮球活动课程应该是一种综合性较强的课程，可以小篮球活动为载体来实现幼儿园课程中各个领域的教育教学目标。

第四节　全园性幼儿小篮球活动课程的内容

全园性幼儿小篮球活动课程是以先进的教育理念"文化教育学理论、文化——历史发展理论、运动教育基本思想、运动技能形成规律"等理论为基础的，因此，全园性幼儿小篮球活动课程内容的选择和组织由课程的理论基础决定，是实现运动技能、运动教育和运动文化三位一体的课程目标的手段，主要解决教师"教什么"和幼儿"学什么"的问题。全园性幼儿小篮球活动课程内容的选择的价值取向关系到能否与课程目标相符合。

一、全园性幼儿小篮球活动课程内容的选择

全园性幼儿小篮球活动课程内容的选择来源于三种价值取向：学习运动技能取向，学习经验取向，学习活动取向。将这三者平衡统一起来，实现运动技能、运动教育和运动文化三位一体的课程目标，其具体选择表现在以下三方面：

（一）小篮球运动技能与知识的选择

运动教育课程必须有运动技能教学，幼儿要掌握一定的运动技能才能实现课程的目标。同样的道理，小篮球活动课程也是以小篮球活动为载体来实现发展学前儿童的教育功能的，运动技能水平越高，幼儿的游戏水平也就越高，开展的活动内容和形式就越丰富，实现课程价值就越高。而影响小篮球活动课程的开展的关键因素就是"运球"这个运动技能。因此，全园性幼儿小篮球活动课程内容的选择和编制侧重于学习运动技能的取向，但其组织方式是活动课程，以幼儿的兴趣、需要和能力为出发点，以游戏组织的"玩中学"为主。

幼儿园小篮球活动主要是运球动作与幼儿的爬、走、跑、跳、投、躲闪等基本动作和体育器械相结合的综合性活动，以游戏的形式组织。众所周知，篮

球运动入门必学的关键动作是"运球"，而幼儿的身心发展水平较低，幼儿园教师运动技能教学水平较薄弱，而且缺乏适合幼儿身心特点的篮球教学教材。如果幼儿园小篮球活动不能解决幼儿"怎么学"运球这个动作技能，就无法实现与其他动作相结合，幼儿的小篮球游戏水平就会很低，可能会停留在以前的玩玩球、拍拍球的层面。

因此，小篮球运动技能与知识的传授将是全园性幼儿小篮球活动课程内容的选择、编制和实施的主要部分。

（二）小篮球活动运动教育内容的选择

运动教育是同时提供有关身体的、情感的、认识的和社会性的活动的一种综合性的课程。根据这种理论思想，全园性幼儿小篮球活动课程内容的选择也要关注幼儿在情感、认识、社会性等方面的发展的关键经验和品质，这方面是从幼儿全面发展的角度来选择的。因此，要创设相应的幼儿园环境、教学环境、学习环境，关注幼儿关键经验的获得，选择相应的课程内容渗透到活动中，对幼儿进行运动教育，实现领域之间互相渗透，培养幼儿良好的学习品质、行为习惯或关键经验，而不只是进行单一的运动技能学习。

如篮球活动"小熊抢苹果"游戏中，除了发展幼儿对篮球的球感和身体灵敏性，还培养幼儿注意力集中的学习品质和遵守游戏规则的行为习惯，培养幼儿的学习兴趣，使其喜欢与小朋友玩游戏，萌发幼儿集体意识，从而全面促进幼儿发展。

图2-4-1　小熊抢苹果

（三）小篮球活动的运动文化内容的选择

根据文化教育学理论、文化——历史发展理论的揭示，任何个体的发展都不可能摆脱其所在地域的文化历史的烙印，个人的发展与本土文化有密切联系，幼儿园的教育也是文化传递的过程，全园性幼儿小篮球活动课程正具有通过运动途径实现地方文化的传承和幼儿发展的双层功能。因此，全园性幼儿小篮球活动课程运动文化内容的选择倾向于学习活动，注重课程内容贴近社会生活，强调课程与社会生活的联系，使幼儿充分接触社会、了解社会、了解本土文化生活，并初步学习一些与自身社会生活相贴近的知识与技能。

东莞在三国时期建郡，有着1700多年的郡县史，是岭南文明的重要发源地；是广东历史文化名城，也是我国篮球文化名城，已有100多年的发展历史，积淀了深厚的篮球文化根基，篮球成为东莞人民生活不可分割的一部分。篮球已经成为家喻户晓、万众瞩目的体育运动、娱乐活动，也造就了这座城市许多具有传奇色彩的体育故事，为这座城市赢得了厚厚的荣誉。篮球文化烙印深深地镶入人们的心里，传遍大街小巷，传遍机关单位、企业、社区，传遍大学、中学、小学、幼儿园。校园篮球文化也是学校课程的重要部分，在幼儿园，篮球文化建设更是可以成为促进幼儿身心全面发展的重要途径。

图2-4-2　本土文化与运动教育：舞狮锻炼单足立平衡能力

因此，全园性幼儿小篮球活动课程运动文化内容的选择会将东莞市本土传统文化和篮球文化整合在一起，作为幼儿园篮球文化建设的重要部分，对幼儿进行篮球文化教育和本土文化传承，从东莞社会文化历史的实际情况出发，吸取其他文化的精髓，创设丰富的文化教育环境，尊重其本土文化而创设课程。如在幼儿小篮球活动中融合"舞狮子""舞麒麟""赛龙舟""饮食文化"等等，是对东莞篮球文化的传承和创新，对于从幼儿园最基础的源头持续夯实东莞本土篮球文化具有深远的意义。

二、全园性幼儿小篮球活动课程内容的组织原则

全园性幼儿小篮球活动课程的教育目标最终是通过具体的活动组织来实现的，一般的活动组织形式有：篮球教学活动、篮球游戏活动、区域篮球活动、篮球早操活动、社会实践活动、篮球社团活动、篮球文化环境教育活动、师资篮球培训活动、校园篮球文化建设活动等（见图2-4-3、图2-4-4）。全园性幼儿小篮球活动课程内容的组织方式以活动课程以主，学科课程为辅，组织原则要遵循全面性、启蒙性、基础性、阶段性，要以游戏为基础，以培养幼儿良好的学习兴趣和学习品质为主。

（一）以游戏性、多样性为基本活动的原则

幼儿园教育是以游戏为幼儿的基本活动的，在小篮球活动课程的组织方面也是以小篮球游戏为主，让幼儿在游戏中快乐生活、快乐学习，让幼儿在"玩中学"的主动活动中获得经验。幼儿园篮球活动虽然要幼儿掌握一定的运动技能才能实施，但教师要以游戏形式来发展幼儿的动作技能，旨在将课程组织成教师为主导、幼儿为主体主动参与的教育教学过程，通过动作技能教学游戏化将专业术语的动作要领进行游戏化、儿童化，使幼儿在快乐游戏中学习动作技能。活动过程中注重幼儿亲身体验、动作操作，更好地发挥游戏的教育价值，做到"玩中学习"，将知识与技能的教学目标隐藏在游戏中。

小篮球活动课程最终要回归其游戏的本质才得以推广和普及。幼儿小篮球活动的内容、组织形式和方法应该是多种多样、丰富多彩的，结合其他运动项目、体育器械、游戏材料、本土文化等来组织，使幼儿的学习兴趣得到充分熏染和延续，促进幼儿身体全面、协调发展，而不再是单一的运球技能学习。

（二）坚持阶段性、经常性原则

幼儿身心发展成熟需要一个过程，具有阶段性特征，不同年龄阶段的发展差异较大，所以课程组织和实施也要体现出阶段性。小篮球活动课程中的运动技能形成也需要四个阶段：泛化阶段、分化阶段、巩固阶段、自动化阶段。

将幼儿的运动技能学习渗透到每日的户外体育锻炼中，保持小篮球活动的经常性，尊重幼儿发展的个体差异和循序渐进规律，如幼儿每日进行篮球早操锻炼，培养幼儿对球的感受，在潜移默化中发展幼儿的运球动作技能，教师也能省心省力。

（三）坚持全面性、适量性的原则

在小篮球活动中使幼儿身体各部分都得到全面的锻炼，促进幼儿的全面发展。帮助幼儿掌握粗浅的、基础的运动知识与技能，增强幼儿体质；丰富幼儿的认知经验，提高幼儿在身体活动中进行智力活动的能力和品质；培养幼儿积极运动的兴趣和习惯；培养幼儿团结、合作、宽容、公平、分享、守规则等良好的社会情感和态度，提高幼儿的社会交往能力；培养幼儿勇敢、不怕挫折、持之以恒等优良意志品质；培养幼儿活泼开朗的性格。

对于幼儿身体素质的培养，不是为了培养专门的体育运动竞赛人才，要防止进行有损幼儿健康的竞技比赛、机械训练、强化训练等，所以，小篮球活动的组织要遵守适量性原则。适量性原则的含义是：幼儿的体育活动应该保证适宜的运动负荷，包括生理负荷和心理负荷。因此，要根据身体锻炼内容、运动项目的特点以及幼儿年龄的特点，合理、科学地安排和调整幼儿的活动量，避免肌体过度疲劳；避免运动员化、成人化或小学化训练。

（四）保持全园性、普及性原则

第一，全园性幼儿小篮球活动课程是以促进幼儿身体、情感、认识和社会性的全面发展为目标的，包含五大领域的目标和内容，不只是体育方面的目标和内容，非体育专职教师也要掌握课程的理论基础和实施策略，才能保证课程有效实施，保证全园性和普及性的实施。

第二，在场地环境和器械器材的创设方面不限于户外体育活动区，可扩大到全幼儿园的走廊、天花板、地板、室内进行文化环境创设，文化环境创设内容包括本土文化和篮球文化相结合。同时，开发和制作与篮球活动相关或相结合的器械器材、操作材料等，增加和规划更大的篮球活动空间、更多的活动时间，使更多的幼儿有机会接触篮球活动，这样才能保证课程有效实施，保证全园性和普及性的实施。

图2-4-3 大圈来拖球

图2-4-4 小圆圈可按球

第五节　全园性幼儿小篮球活动课程的实施

　　全园性幼儿小篮球活动的课程目标决定了课程的发展方向，课程内容和实施方法是实现课程目标的手段，课程的实施主要体现在课程的教育方法和组织形式上，而教育方法和组织形式的科学与否、有效与否取决于教师的专业素质水平。实际上，全园性幼儿小篮球活动课程的实施实质是以促进幼儿全面发展为根本，以提高教师综合素质为关键。一方面，是以小篮球活动为载体来实现促进幼儿身心健康发展和社会适应能力；另一方面，是以课程实施为途径来实现提高教师的综合素质。教师是课程教育理念的落实者、教育目标的实现者、课程的实施者、主导者、研发者，是课程科学、有效实施的关键，教师对课程理念的理解和实施能力直接影响到课程实施的效果。

　　在全园性幼儿小篮球活动课程的建设中，教育理念只是一种思想，需要通过教师创新性的实践才能具体化。因此，在课程实施的过程中，课程基本框架形成后，需要对教师进行理论和实践的培训，提高教师专业综合素质，这是全园性幼儿小篮球活动课程实施的首要环节、关键环节。

一、全园性幼儿小篮球活动课程的师资培训

　　"提升幼儿园教育质量的关键在于一支优秀的教师团队，那么促进教师的专业发展是一个重要的问题。"[1]全园性幼儿小篮球活动课程涉及篮球运动教育、篮球文化建设，对于幼儿教育专业毕业的老师来说，运动课程方面的知识相对较弱，有必要对教师进行相关的课程理论基础和实施策略的培训。教师是

---

① 张平.教师参与课程的实践［N］.教育导报，2005-01-08（3）.

课程的实施者、主导者、研发者，师资培训是保证课程科学、有效实施的关键环节，而且全园性幼儿小篮球活动课程不仅要对教师的篮球运动技能教学进行培训，还要让教师对课程理念、篮球文化历史、文化环境的创设、幼儿的运动卫生、幼儿运动技能形成的规律、小篮球游戏的创设、场地与器械的创设等有一个重新的认识。通过对师资培训的研究和教材的研发，我们编制了园本的培训教材，形成了培训机制。师资培训教材研发应包括所有的篮球物质文化、篮球精神文化创设的内容。

（一）培训的对象和范围

全幼儿园的教职员工，包括园长、教师、保育员、后勤人员，将全体教职员工都列为课程的建设者和实施者。

（二）对课程管理层人员的培训

园长及行政管理人员是课程蓝图的设计者和实施的统领者，是课程建设与校园文化发展的决策者，要持有正确的课程观，认识课程的概念、课程的编制、课程的实施、课程的评价等各个方面，要定位好课程的目标，把握好全园性幼儿小篮球活动课程的价值取向和课程特色。本课程主张幼儿园篮球活动应该具有全园性、普及性；主张以篮球活动为载体渗透各个领域的教育内容；主张篮球文化与传统文化、本土文化相融合。管理层要根据这三个特点来定制课程实施方案，参与篮球精神文化创设，凝聚良好的篮球文化团队精神，逐渐形成园本特色文化。

（三）对课程实施者的培训

教师和保育员是篮球活动最终的实施者和实践者，是实现课程目标的关键人员，除了要透彻理解全园性幼儿小篮球活动课程整体课程观，还要掌握更多的专业教学方式，掌握篮球的基本知识和基本技能，了解幼儿运动卫生和运动技能形成的规律，掌握小篮球游戏的设计与组织。帮助教师和保育员改变幼儿园开展篮球活动的传统观念，纠正篮球运动教育教学中的一些认识误区。

（四）对后勤人员的培训

全园性幼儿小篮球活动课程涉及全园的环境安全卫生和器械材料的管理维护，这些要纳入后勤人员工作职责中，只有这样才能为课程实施过程提供方便，提供丰富的物资保障，这是实现课程目标的重要环节。管理层除了要给后勤人员制定管理措施，还要对其进行动员和课程基本理念的培训，使后勤人员赶快融入，成为全园性幼儿小篮球活动课程建设的一员，融入篮球物质文化、篮球精神文化创设集体中，增强后勤人员的团队意识和集体荣誉感。

总之，全园性幼儿小篮球活动课程的师资培训是课程实施的首要环节，只有持正确的课程观，课程实施才能科学、有效地促进幼儿全面发展。管理层和保教人员要掌握全园性幼儿小篮球活动课程的理论基础，理解"运动技能、运动文化、运动教育"三位一体的课程目标，创设篮球文化与传统文化、本土文化相融合的教育环境和内容，用以小篮球游戏为载体渗透各个领域教育内容的活动形式实现课程的教育目标。

二、全园性幼儿小篮球活动课程文化环境的创设

《纲要》指出："环境是重要的教育资源，应通过环境的创设和利用有效地促进幼儿的发展。"课程环境是课程实施的重要条件和媒介，蕴涵和承载着教育的价值和功能，课程环境是否安全适宜、合理有效、全面稳定等，直接影响到课程的效果，影响到幼儿身心全面发展。

当前，国内缺少对幼儿园篮球文化环境的研究和文献，笔者将凭粗浅的学识做出粗浅的论述。本课程主张幼儿园篮球活动应该具有全园性、普及性，主张以篮球活动为载体渗透各个领域的教育内容，主张篮球文化与传统文化、本土文化相融合。因此，全园性幼儿小篮球活动课程文化环境应该是以篮球文化为主导，融合传统文化、本土文化、校园文化、园本制度文化的综合性教育环境，渗透到幼儿园的各个空间、时间，渗透到幼儿学习、生活、运动、游戏等活动当中，实现文化的传承和儿童发展的双重目标，可分为物质文化环境创设和精神文化环境创设。

（一）幼儿小篮球活动中物质文化环境的创设

物质文化是指实际的物质生产过程及物质生产的实体性、器物性的成果。立足于文化学角度展开分析，物质文化是文化传播过程中一个极为关键的载体。物质环境主要是指建筑物、设备、活动场地、活动材料器械、教具、玩具、图书以及其他有形的物件，其中，场地和器械是篮球活动最主要的物质，篮球活动场地的建设是从场地的合理规划、开辟、改造、分配使用等方面进行建设；篮球活动器械的建设是从器械的科学使用、增加适宜的器械、增设便捷的器械装置、挖掘有传统文化的器械、与民间游戏相结合的器械等方面进行建设。

幼儿小篮球活动中物质文化环境创设的注意事项：首先，要符合幼儿的年龄特征及身心发展的需要，幼儿各个年龄段的发展水平相差较大，要为不同年龄的幼儿提供适当的活动器械材料，例如在运球跳的游戏中，大班幼儿可以选择15～30cm高的跨栏架跳，而在中班选择运球跳圆圈即可。其次，物质文化环境创设要有利于引发、支持幼儿的学习兴趣，通过布置趣味性较强的活动器械，激发幼儿的学习动力，例如在《进攻城堡》投篮游戏中，虽然投篮游戏本身就是幼儿非常喜欢的活动，但是为了进一步激发幼儿的学习动力和兴趣，老师在篮板贴上了幼儿熟悉的卡通人物"光头强"，玩"打光头强"游戏，使幼儿的学习兴趣得到了延续。再次，鼓励和引导幼儿参与物质文化环境的创设。师生共同规划班级篮球文化环境创设，比如在课室内或走廊布置篮球游戏展示栏，有家庭亲子篮球活动、有同伴的篮球游戏活动、有家乡的篮球赛事活动等，为幼儿提供思考、操作、表现、创造的机会，分享自己的篮球故事，其本身就是一个非常好的教育活动过程，培养幼儿关心集体的品德和学习兴趣，使幼儿逐渐融入篮球文化氛围中。最后，新规划的场地和新开发的器械要先由教师试验其可行性后方可使用。

（二）幼儿小篮球活动中精神文化环境的创设

除了要在幼儿小篮球活动中创设一个宽松、自主、愉悦的精神环境，还要在全园里营造一个浓厚的篮球文化氛围，使篮球文化现象存在于幼儿园的每个角落，利用篮球的精神文化环境潜移默化地影响师生的篮球文化观念和思想。

精神文化是人们在劳动创造中所形成的思想惯性和价值取向等的统称。对于幼儿园来说，篮球精神文化可以多种多样的形式展现在师生面前，在"热爱学习、热爱家乡、积极进取、团结友爱"的信念中潜移默化地形成师生的世界观、人生观、价值观。而形成幼儿园篮球精神文化需要经历很长时间的积累，需要渗透到教师和幼儿的生活、学习、娱乐等活动中，使师生的运动兴趣、观念、意识、能力、习惯得到有效培养，引导师生思想意识、价值观念和行为方式等的形成，逐步形成篮球文化思想、篮球文化观念、篮球文化氛围等篮球精神文化。这种文化心理和文化氛围达到一定的稳定性后，能够维系、巩固和规范教师、幼儿的思想、意识和行为，体现篮球精神文化的稳定性，使其慢慢地融为园本文化的一部分，从而影响园本文化的发展，有利于推动全园性幼儿小篮球活动课程的持续发展。

幼儿园具体的篮球精神文化环境创设包括篮球主题文化墙、篮球历史文化墙、篮球人物故事墙、篮球活动规则说明牌、小篮球游戏相片展示墙、传统文化主题墙、幼儿篮球游戏故事栏等的创设。例如，东莞是岭南文明的重要发源地，具有悠久的历史文化和丰富的传统文化，是百年篮球历史文化名城"全国篮球城市"，有着深厚的篮球文化底蕴和丰富的篮球社会生活。篮球造就了这座城市许多具有传奇色彩的体育故事，我们可以通过文化墙为老师、家长、孩子讲解东莞的历史文化、传统文化、篮球发展历史、篮球故事、篮球老人故事、篮球草根明星故事、CBA明星故事等，以故事人物的文化精神激励师生、熏陶师生，丰富师生内心的文化精神，营造良好的本土文化和篮球文化氛围，为实施篮球文化融入岭南传统文化的活动奠定基础。

图2-5-1　与偶像篮球明星张凯、孙喆合影留念

三、全园性幼儿小篮球活动课程的实施过程

课程的实施好比是一辆汽车的动力运作部分，只有协调好各个部件，整体运作起来，汽车才能跑得顺畅。课程的实施也如此，只有通过正确的教育方法将课程的各种组织形式协调起来，才能使课程实施这部机器有效地、顺畅地运作。因此，课程的实施过程必须制定实施计划，架起课程实施与管理的框架，明确各个实施者的职责和各个组织活动的功能。课程的实施、运作流程的关系如下图2-5-2。

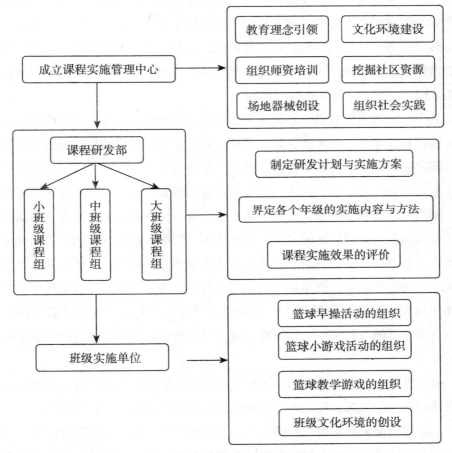

图2-5-2 全园性幼儿小篮球活动课程的实施过程的整体框架图

第一管理层，成立课程实施管理中心，以园长的课程领导为核心，由教学主任、教研组长、年级长等各个中层管理者组成，是课程政策的制定者，是本课程精神文化建设和物质文化建设保障的决策中心。课程实施管理中心的主要职责是组建课程实施管理中心、课程研发部、年级课程组、班级实施单位等四级管理框架；对全园教职员工进行课程教育理念的引领；组织和制定师资培训计划；对园所篮球文化环境和本土传统文化环境进行规划和创设；对园所户外篮球场地、活动区域、运动器械等进行改造和合理规划，提供课程实施的后勤条件；挖掘本土的篮球运动和文化教育资源，组织幼儿和教师参加社会实践活

动，组织以篮球为主题的运动会、亲子运动会等等。

同时，课程管理中心要提出构建"全园性幼儿小篮球活动课程"蓝图的共同愿景，以本课程的理论基础为导向，统领整个课程的目标、内容、方法、评价等各个要素，使教师明确自己在课程建设中的职责以及培训学习方向，从而提升教师的课程意识，促进教师的专业发展，使课程运作的各个管理层能协调一致、同步一致，顺利实现课程目标。

其中，课程实施管理中心的职责是制定课程师资的培训计划和内容，这是实现课程目标和实施效果的保障，具体内容见前文所述。师资培训的方略是由整体到局部，理论与实践相结合，以及日常研讨的渗透。首先，根据全园性幼儿小篮球活动课程目标的三位一体建构图进行师资培训，了解本课程的理论基础、创设理念和课程的基本要素，使实施者对本课程有一个整体概念的认识。其次是按照实现课程目标的各个实施途径逐一培训，使课程实施者明确具体实践的内容和方法，其中，幼儿篮球教学是关键部分。最后是将课程的活动实施策略、活动指导策略、篮球基本知识与技能等渗透到日常的研讨活动中，潜移默化地改变实施者。通过理论的培训改变课程实施者的篮球教育教学的传统观念，指导实施者的实践操作策略。这一部分我们将在后文通过独立章节进行陈述。

第二管理层，课程研发部由教研组长和各个年级长组成，主要职责是制定研发计划和实施方案；界定各个年级课程实施的内容和方法；课程实施效果的评价。该部门是研究实现"全园性幼儿小篮球活动课程"蓝图的阶段化、具体化、有效化的部门，是根据师资培训内容和教育理念进行监督和调控课程实施的研究部门，要与各个年级课程组保持紧密联系，及时评价课程实施效果并做出相应的调整，保证课程实施朝着预期的方向发展。

第三管理层，年级课程组是由小班级、中班级、大班级三个年级的教师组成的，各个年级课程组主要负责相应年级课程内容和实施方法的研究，执行课程研发部制定的方案。根据幼儿身心年龄特征选择适合幼儿发展的内容和教学方法，界定各个年级课程实施的内容和方法，使课程实施精细化，更合理、更有效。具体包括各个年龄段幼儿篮球教学的内容与方法；按年级适宜性分类小篮球游戏；篮球早操活动内容的分年级编排；各年级篮球文化环境的布置；各年级篮球活动实施的时间、空间的协调。

第四管理层，班级实施单位是以幼儿园各个班级为实施单位，由每个班的班主任、副班主任、保育员三人组成的，是课程实施最直接的组织者，与幼儿接触最紧密，是课程实施的最关键人员。主要负责晨间小篮球游戏活动的组织、篮球早操活动的组织、户外小篮球游戏的组织、小篮球教学活动的组织、班级社团文化的组织、班级篮球文化环境的营造与创设、家庭亲子篮球游戏的宣传与组织等等。

第六节　全园性幼儿小篮球活动课程的评价

课程评价是对课程的价值做出判断的过程。评价课程的价值，可以诊断课程、修正课程、比较课程的相对价值、预测教育的需求或者确定课程目标达成的程度等。

全园性幼儿小篮球活动课程评价内容主要是本课程方案本身设计的可行性、合理性、科学性、有效性、推广价值等；是对课程管理机制、课程实施过程的评价；是对课程效果的评价。全园性幼儿小篮球活动课程评价主体是管理层、教师、幼儿、家长、专家、教研员、观摩教师、社会人士等，通过多元主体评价，使课程的评价工作更加科学，课程教育目标更有针对性，更能提高教师的反思能力和教育技能，更能帮助家长了解本课程的教育内容和方式，了解幼儿的表现，从而增进家园联系，促进家园合作，丰富课程内容和教育范畴。

一、对全园性幼儿小篮球活动课程方案的评价

对全园性幼儿小篮球活动课程方案的评价主要是考察和评定本课程所主张的基本教育理念是否与幼儿园所在的社会文化背景相契合；考察和评定本课程的目标、内容、方法和评价等课程要素是否在课程的统领下形成一个协调的整体，并发挥其总体的功能；考察和评定课程所强调的价值取向是否符合教育现状所需的活动课程要求，以及与同类课程相比较有何优势，效果程度如何。

二、对课程管理机制、课程实施过程的评价

课程管理机制是课程实施过程的运作框架，对课程管理机制里的四个管理层级人员进行职责的合理性和有效性评价，关系到课程目标能否顺利、高效地实现。对课程管理机制、课程实施过程的评价有利于及时发现课程中所存在的

问题，并调整和改进课程，使原有的全园性幼儿小篮球活动课程更加完善，深入开发和发展新的课程内容，增强本课程的生命力。

三、对课程效果的评价

（一）对实施课程的教育内容与教育方法的效果评价

评价实践结果是否实现了"运动技能、运动文化、运动教育"三位一体的预期课程目标，是否符合《指南》"注重学习与发展各领域之间的相互渗透和整合，从不同角度促进幼儿全面协调发展，而不要片面追求某一方面或几方面的发展"的要求；评价幼儿小篮球游戏活动的目标是否符合幼儿年龄特征，是否以幼儿已有经验为基础，遵循幼儿的发展规律和学习特点和尊重幼儿发展的个体差异，并能促进幼儿进一步发展，是否符合幼儿的兴趣和需要，重视幼儿的学习品质。

（二）评价在教师发展方面的效果

主要是评价教师对全园性幼儿小篮球活动课程所持的教育理念的理解，以及所采取的策略是否合理有效。

1.在全园性幼儿小篮球活动课程中，教师能否遵循幼儿运动技能发展规律，采取游戏的基本活动促进幼儿全面发展？教师制定的活动目标是否能够做到面向全体幼儿、适宜幼儿身心发展水平？教师是否能够根据活动目标和幼儿的兴趣、需要、身心发展特征等策划和设计恰当的活动？教师是否能够合理地设计活动的环境、条件促进幼儿潜在能力的发展？教师的教育理念和专业水平是否得到提升？

2.全园性幼儿小篮球活动课程中，教师是否能注意和记录幼儿的活动和反应，倾听幼儿的想法，并仅于必要时才插手干预，给予一些间接性的、适度的指导？教师是否能够指导幼儿自我服务？教师是否鼓励幼儿相互合作、交流与协商？教师是否能够有效地组织幼儿讨论？教师是否注意调动幼儿参与活动的主动性、积极性？教师是否能够对幼儿进行有针对性的个别教育？教师是否能够与幼儿建立融洽和谐的关系？教师是否能够及时、有效地采用多种方式对幼儿的表现进行评价？

3.在全园性幼儿小篮球活动课程中，教师是否能够及时捕捉幼儿活动过程中出现的一些教育契机，教育在场的幼儿？教师是否能够妥善处理预设与生成的关系，根据幼儿实际的活动和操作情况及时调整预定的活动目标、计划、指导策略和创设更多的游戏活动等？教师是否能捕捉幼儿的兴趣、爱好和动作能力来创设更适合幼儿的小篮球游戏？

4.在全园性幼儿小篮球活动课程中，教师是否能够及时、有效地与家长进行沟通，争取家长的支持与帮助，组织有意义的亲子篮球运动会、幼儿篮球社团活动？

5.在全园性幼儿小篮球活动课程中，教师能否组织幼儿共同为活动创设宽松、自由的环境氛围，准备充足、适当的活动材料？教师是否能够充分挖掘环境、材料的教育价值和功能？教师能否组织幼儿共同为活动过程中生成的问题及时补充活动材料？教师能否结合幼儿的经验、兴趣和环境材料，创设与材料器械相结合的小篮球游戏？

（三）评价在幼儿发展方面的效果

评价全园性幼儿小篮球活动课程能否有效地促进幼儿身心健康发展，培养幼儿良好的身体、愉快的情绪、强健的体质、协调的动作、良好的生活习惯、基本生活能力和社会适应能力，为其他领域学习与发展打下基础。

1.在小篮球活动中幼儿的动作发展：是否有助于幼儿基本动作能力的发展，如走、跑、跳、投、平衡和手眼协调能力的发展？

2.在小篮球活动中幼儿的心理发展：是否令幼儿感觉心情愉悦？是否有利于形成心理安全感、信任感和归属感？是否有利于提高幼儿的自我控制和抗挫折能力？是否能使幼儿获得成就感，使学习兴趣浓厚？

3.在小篮球活动中幼儿的语言发展：是否提供了幼儿充分表达自己观点和想法的机会？是否促使幼儿乐意与人交谈、交往？是否促进幼儿语言表达能力的提高？

4.在小篮球活动中幼儿的社会性发展：是否能促进和鼓励幼儿与同伴、成人的社会性交往？是否有助于幼儿感受、理解并遵守小篮球游戏中的规则，形成规则意识和初步的道德观念？是否有利于培养幼儿服务他人的意识和初步的责任感？是否有利于培养幼儿爱父母长辈、老师和同伴，爱集体、爱家乡、爱祖国的思想感情？

5.在小篮球活动中幼儿的艺术发展：是否能使幼儿感受家乡传统文化的美，感受到劳动人民智慧创造之美？是否有利于幼儿感受并喜爱文化环境、生活环境、篮球文化中的美？

6.在小篮球活动中幼儿的认知发展：是否促进和鼓励幼儿探究、提出问题？能否促进幼儿认知水平的发展，如思维、推理、问题解决和判断能力的发展？是否在小篮球游戏中为幼儿提供更多的创造性活动的机会？

（四）评价环境在课程发展方面的效果

环境创设是否融入了联系紧密的传统文化、篮球文化？是否营造了浓厚的园所篮球文化环境氛围？是否在户外环境创设有利于幼儿发挥创造性的区域？户外区域活动环境的设计是否合理，是否着眼于幼儿与环境的相互作用？活动材料是否符合幼儿的年龄特征，能够满足幼儿现阶段的实际发展需要，有助于引发幼儿生成性行为？活动材料的数量是否充分，是否能够满足幼儿自由选择的需要？活动材料是否安全、卫生，具有多功能性，能够一物多用？活动材料的摆放是否具有层次性、系统性？幼儿是否参与了活动材料的搜集、制作、布置与整理？

（五）评价全园性幼儿小篮球活动课程对社会的推广价值

这个课程方案是否具有可行性和可操作性？是否有创新性的教育价值功能？能否由园本特色课程转化为可复制的、可推广应用的普遍性课程？如何通过多元主体进行客观评价？

第三章

全园性幼儿小篮球活动的
指导与实施策略

幼儿小篮球活动的实施方法是实现课程目标的主要途径，小篮球活动如何开展、怎么开展，直接影响本课程目标的实现和实施的效果。而小篮球活动的实施需要策划者、实施者具备很强的运动教育教学专业素养。受我国当前幼儿园体育教育极其缺乏的影响，缺乏对幼儿小篮球活动深入研究的影响，幼儿园非体育教育专业的教师缺乏相关的培训等的影响，我园幼儿园小篮球活动课程科学地、有效地和持续地发展受到阻碍。

因此，本章节将从幼儿篮球活动的发展策略、实施原则、关键因素、教学方法、组织方式等方面进行逐一分析，并为幼儿园非体育教育专业的教师提供解决方法。

第一节 幼儿篮球活动的实施原则与指导方法

幼儿篮球活动是全园性幼儿小篮球活动课程实施的重要途径，也是幼儿园体育活动的主要组成部分。幼儿篮球活动是由篮球基本技术动作与幼儿的爬、走、跑、跳、投、躲闪等基本动作和体育器械相结合的综合性体育活动，以各种运动游戏的形式组织实现。幼儿篮球活动需要幼儿身体的直接参与，有体育运动特殊的学习过程和活动规律。这就要求教师在实施过程中应该充分考虑幼儿的身体机能特点，以及动作过程中的变化规律，遵循一定的原则。因此，利用幼儿篮球活动提高幼儿身体素质，必须避免两种情况的发生：

第一，避免受到伤害。幼儿身体、心理十分稚嫩，篮球运动的动作种类繁多，内容丰富，但并不是所有的动作都适合幼儿。因此，在为幼儿选择篮球活动的项目和内容、采用具体的方式方法时，一定不能对幼儿身心造成伤害，要根据幼儿身心特征进行筛选，遵循篮球游戏的启蒙性、基础性，避免剧烈的对抗比赛，避免投篮、传球时撞伤鼻子，等等。

第二，避免运动员化、成人化或小学化。幼儿篮球活动是为了促进幼儿身心水平的发展，不是为了培养专业的篮球运动员。因而，必须避免身体素质培养的专项化或早期定向，也就是要防止运动员化。

一、幼儿篮球活动的实施原则

为了有效地实现全园性幼儿小篮球活动的课程目标，教师在实施幼儿篮球活动过程中必须遵循以下四个基本原则：全面性原则、经常性原则、适量性原则和多样性原则。

（一）全面性原则

全面性原则的含义是：在幼儿篮球活动的过程中，应选择和安排全面的、多样的活动内容和方法，促进幼儿身心全面和谐发展。它包含两层含义：一是促进幼儿身体各个部位、各个器官系统的机能、各种身体素质和基本活动能力等的全面协调的发展，避免身体锻炼的片面性和不均衡性；二是促进幼儿心理健康的发展，使其在认知、情感、态度、社会性和个性等方面得到良好发展。如"打败光头强"篮球游戏通过运球整合器械进行走、跑、跳、投等动作来实现调节全身运动负荷的平衡，使幼儿身体各部分得到全面的锻炼，培养幼儿勇敢、不怕挫折、持之以恒等良好的意志品质，培养幼儿活泼开朗的性格，促进幼儿身心全面和谐发展。

（二）经常性原则

经常性原则的含义是：幼儿的篮球活动应贯穿在幼儿的每日活动之中，日常性的篮球活动一般有晨练游戏、早操、户外活动。《幼儿园工作规程》指出，每日幼儿户外体育锻炼的时间不少于一个小时，实施全园性篮球活动可以安排每日不少于60分钟的时间，或者保证每天至少有30分钟的篮球活动，其余时间给其他项目体育活动。只有每天坚持一定时间的篮球活动，幼儿才有机会、有时间、有空间接触到篮球，幼儿的球感越好，掌握动作技能就越轻松、越迅速。我们教师要记住实施幼儿篮球活动经常性的重要原则，幼儿参与篮球活动需要在教师的正确指导下，在游戏中进行长时间的直接体验，靠经常性练习积累经验。同时也要体现出循序渐进的原则，才能有效地促进幼儿身体的正常发育和机能的协调发展，增强体质；才能符合幼儿身心发展规律；才能满足幼儿运动、娱乐、表现、交往等各方面的需要，促进情绪和社会

性的健康发展。

（三）适量性原则

适量性原则的含义是：在组织幼儿进行篮球活动时，教师应该合理安排、调节幼儿的身体和心理所承受的负荷量，以达到最佳锻炼效果，提高身体运动的机能能力，保证身心和谐发展。主要体现在以下几个方面。

1. 以篮球活动内容、特点及幼儿个体差异为依据

要根据篮球活动的内容、运动项目的特点以及幼儿年龄的差异，合理地确定身体锻炼的"量"，包括练习的次数、练习的时间和间隔时间的长短、运动强度等，注意运动节奏的要求，使幼儿身体锻炼保持合理的运动负荷。运动强度过大、运动时间过多（表现为身体练习间隔时间过短，运动时间过长），则容易发生肌体过度疲劳，影响恢复效果。

受到小篮球热潮的影响，很多幼儿园的教师和家长盲目跟风，很容易被社会培训机构带上偏路，进行有可能损害幼儿健康的篮球竞技比赛、机械训练或表演。在此，我们特别强调篮球对抗比赛对于身体发育不完全的幼儿来说是非常剧烈的，运动负荷很大，有可能对幼儿心血管系统、呼吸系统等器官造成隐藏性的运动损伤，留下后遗症。因此，在目前没有研究或实验结果证明幼儿进行剧烈的篮球对抗比赛不存在隐藏性运动损伤的情况下，我们不主张幼儿参与篮球竞技比赛。

观察和调整活动量，还需要教师掌握一定的方法，了解幼儿运动负荷是否合理，以灵活调节活动的内容和方法。常用的方法是观察法和心率测试法。活动中，幼儿心率为每分钟130～160次，恢复正常心率的时间为3～5分钟，这是比较适宜的运动负荷参考数据。面色微红，汗量不多，呼吸中速、稍快，动作协调、准确，注意力集中，反应快，情绪愉悦，这些都表明幼儿正处于轻度疲劳状态，运动负荷也比较适宜。

2. 遵循人体机能变化规律

幼儿运动量安排要遵循人体机能变化规律，从小到大逐步上升，并在活动结束前逐步下降。比如，幼儿篮球操动作的编排，开始部分一般是活动量较小的球感动作练习，由头、颈部动作或上肢的伸展动作开始，逐步过渡到扩胸、转体或体侧屈、腹背动作和原地运球动作，再到活动量较大的全身运动和运球跳跃动作，最后是放松整理动作。在其他类型的身体锻炼活动中，活动量同样也应该遵循从小到大、再由大到小的规律。

3. 依据季节、气候等因素的变化

活动量的安排要依据季节、气候等因素的变化而变化。如：夏天进行体育活动时，活动强度、活动量不宜过大，而冬季就可以在充分调动、做好机体准备的基础上，适当增加活动量。

4. 合理安排，减少等待

在组织指导幼儿进行运动游戏时，教师和家长应注意，讲解要精练，要在活动前安排好各环节的组织，避免过多的等待时间。此外，教师还应该注意根据幼儿的个体差异，灵活地安排活动量。

（四）多样性原则

多样性原则的含义是：幼儿运动的内容、组织形式和方法应该是多种多样、丰富多彩的。为此，开展幼儿篮球游戏活动需要多种内容、形式和方法相互补充、相互配合、灵活运用。幼儿篮球活动的基本内容大致包括篮球基本动作练习、篮球操练习、器械练习、创造性身体活动和篮球游戏等。组织幼儿篮球活动的形式大致包括晨练篮球活动、篮球早操活动、篮球教学活动、户外篮球游戏活动、社团篮球活动、区域篮球活动、实践考察篮球活动和篮球主题运动会以及幼儿园因地制宜开发的活动形式，如亲子篮球运动游戏、花式篮球舞蹈等。

二、幼儿篮球活动的分类和实施框架

要完成全园性幼儿小篮球活动的课程目标，仅靠体育教师的篮球教学活动是不够的，力量单薄，效果是事倍功半的，期望用一种内容、一种形式和一种方法来达到课程目标是绝对不可行的，也是不可能实现的。因此，幼儿篮球活动的实施应该遵遁多样性原则，对全体保教人员进行理论和实操的培训，再由保教人员在日常对幼儿实施全园性幼儿篮球活动，其可以取得事半功倍的效果。根据我们的实践经验，构建如下图3-1-1的实施框架。

从图中可见，幼儿篮球活动按范围可分为教与学的篮球活动、专题的篮球活动、全园性的篮球活动三大类，以教与学的篮球活动为突破点，逐步向全体幼儿普及实施。

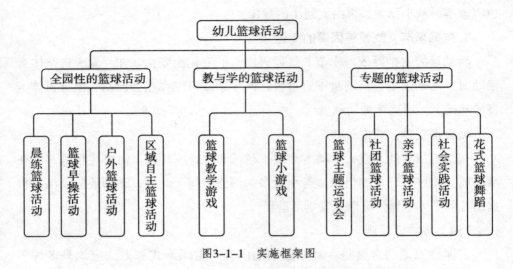

图3-1-1 实施框架图

（一）教与学的篮球活动

教与学的篮球活动是指教师有计划地指导幼儿学习篮球基本动作技能的教学游戏，一般分为篮球教学游戏、篮球小游戏。篮球教学游戏是教师主导的有计划、有目的、有组织、高结构的集体教学活动，是以较完整的主题游戏情节严密地、递进地组织起来的综合性体育活动。篮球小游戏活动是一种比较简单的体育游戏，主要体现在它"小"而简便的特点，组织结构简单、规则简单；场地器材需求小、人数需求小；发展动作的针对性强，操作起来简单、方便快捷，易于幼儿掌握。两者既可以满足幼儿运动技能学习的需求，又能让幼儿在活动中体验运动带来的乐趣，将篮球基本动作技能教学目标隐于游戏中，从而提高幼儿的运动能力和提升总体运动水平，提高幼儿游戏水平和身心发展水平。幼儿的知识技能水平越高，游戏水平就越高，可参与的、可选择的篮球活动种类和内容就越丰富，为其他两大类的篮球活动打下基础，为区域自主篮球活动积累经验。

（二）专题的篮球活动

专题的篮球活动是以主题式篮球活动培养幼儿篮球兴趣，满足那些对篮球有兴趣、有共同爱好或能力较强的幼儿的需求，由专人或团队负责专业指导组织，注重在日常生活和社会实践中渗透篮球文化、社会文化，在学习和生活中营造良好的文化教育环境，对幼儿进行篮球文化与传统文化相结合的熏陶和辐射。一般分为篮球主题运动会、社团篮球活动、亲子篮球活动、社会实践活动、花式篮球舞蹈。具体方式包括举行以篮球文化与传统文化相结合的主题运动会；成立以传播篮球知识、传播篮球文化、传播篮球精神为主的社团，可建立小小篮球队作为主要宣传力量，创设固定的活动场所作为历届活动的展览室；组织家长参与社区、幼儿园举行的亲子篮球活动，或是家庭平常发动的亲子篮球游戏活动；组织幼儿、家长进行本土文化（文化馆）和篮球文化（展览馆）的实地考察、参观学习的社会实践活动；打造以运动与艺术相结合的宣传篮球精神文化的幼儿花式篮球舞蹈队。

图3-1-2　亲子篮球活动：花轿运球

（三）全园性的篮球活动

全园性的篮球活动是面向全体幼儿普及实施，在幼儿园日常活动中有计划地、合理地安排固定时间和地点进行的全园性篮球活动。一般分为晨练篮球活动、篮球早操活动、户外篮球活动、区域自主篮球活动。晨练篮球活动是指每天早晨入园到早操这段时间开展的篮球小游戏的身体锻炼活动，其实它应该属于早操活动内容；篮球早操活动是每天早晨进行的篮球操节练习，操节内容要按年级分不同的难度，通常是统一时间、配合统一音乐进行，也可以根据实际情况分开进行；户外篮球活动通常是根据预定的教学目标和教学计划进行合理安排的篮球活动，由本班教师组织和指导；区域自主篮球活动是指幼儿园充足配备与篮球有关联的操作材料、划分专门的自主活动区域，幼儿根据自己已学的篮球小游戏规则和操作经验，通过亲身实践和探索的方式发现篮球搭配其他玩具材料的新玩法，生成新的游戏，教师要提供丰富的操作材料供幼儿自主选择搭配，并及时将幼儿所创造的新游戏记录、整理成新的幼儿篮球小游戏，区域自主篮球活动可与其他领域的户外活动同时进行。

三、幼儿篮球活动的指导方法

众所周知，幼儿体育活动的指导方法是根据体育活动的目标、内容和幼儿身心年龄特点而采取的手段和方式。教师的指导方法运用得当与否，关系到幼儿的学习兴趣和积极性，尤其是幼儿要学习和掌握专业性较强的篮球基本动作技术，教师更加要采取适合幼儿的指导方法，否则难以实现全园性小篮球活动课程的教育目标。

幼儿篮球活动的指导方法主要有讲解示范与练习法、自主探索法、游戏法。

（一）讲解示范与练习法

讲解示范与练习是体育活动的两种基本方法，二者是紧密结合在一起的。

讲解示范法是幼儿园体育活动最常用的基本方法之一，往往运用在新动作的学习、新游戏的开始时。讲解是指教师用语言介绍活动的名称及练习内容，讲述动作要求，使幼儿了解活动要求和动作要领；示范是指教师或幼儿完整展示动作过程，使幼儿直观形象地看到要练习的动作或技能的具体形象、结构和完成的过程。动作示范往往和教师的语言讲解联系在一起。

练习法是通过讲解示范，在幼儿心中建立起动作的表象和概念，再通过练习，使幼儿真正掌握动作和技能，达成目标。

在运用讲解示范法时，需要注意讲解和示范要相互结合，示范要准确，要给予幼儿准确的动作表象，讲解要清楚、明了，讲解应该点到为止，语言简洁，要求明确，便于理解。讲解示范与练习是相辅相成的，不可分割，尤其是在学习新动作的过程中，要在示范讲解后练习，并在练习过程中观察幼儿动作的情况，如果动作不正确，则需要进一步重复示范或讲解，或者对动作中不准确的某一个环节、步骤进行示范、讲解，然后再练习。

例如"帽子式"运球教学活动中，教师将运球动作要领中抽象、难懂的专业术语转化为简明扼要的口诀"戴好帽子按下去"，转化为易于幼儿理解的概念框架；教师边讲解边示范，把运球动作比喻成给球宝宝戴帽子，使幼儿直观形象地看到运球动作的具体形象，幼儿在脑中建立起了动作的表象和概念，然后幼儿再通过多次的练习活动慢慢掌握动作技能。不需要过分追求运动技能传授的完整性，不需要过分强调技术动作的细节，动作技能的教学要保证"儿童化""趣味化"。

（二）自主探索法

自主探索法是指让幼儿通过亲身实践和探索的方式来发现各种游戏的玩法或玩具材料的新玩法，然后相互交流、学习。此种方式形式轻松、自由，能激发幼儿参与活动的主动性、积极性和创造性。此方法主要运用在区域自主篮球活动中，让幼儿通过亲身实践和探索的方式发现篮球搭配其他玩具材料的新玩法，生成新的游戏。例如，教师只提供篮球和雪糕筒两种器材，提出任务，激励幼儿探索和尝试，幼儿可以自主地探索、创造出好几种新游戏并给它们命名：将雪糕筒倒过来，放上篮球，就像拿着冰激凌；将篮球放在雪糕筒内，抱在胸口，雪糕筒的顶尖部朝着胸前，玩起"开大炮"游戏；将地上的篮球盖上雪糕筒，扭动雪糕筒旋转起来，玩起"转陀螺"游戏；用雪糕筒推着篮球向前滚，玩起了"赶小猪"游戏；将雪糕筒内的篮球抛起再接住。在探索过程中，教师组织幼儿互相学习和交流，可以丰富幼儿的学习内容，激发更多创造。同时，教师要注意观察指导，帮助有困难的幼儿；对于有着新想法的幼儿来说，同伴的观摩和学习，更是一种激励。

图3-1-3　好大的冰激凌

图3-1-4　转陀螺玩法1　　　　　图3-1-5　转陀螺玩法2

图3-1-6　开大炮　　　　　　　　图3-1-7　赶小猪

（三）游戏法

游戏法是通过游戏让幼儿学习基本动作，锻炼幼儿身体的方法。游戏是幼儿最喜欢的活动，处在游戏情境中的幼儿，学习和练习更加轻松、愉快，学习和练习的效率比较高。在幼儿篮球活动中主要运用"篮球教学游戏"和"篮球小游戏"这两种活动，二者都是创设一个有趣的情境，将动作技能教学游戏化，使幼儿在"玩中学、玩中做"，启发幼儿在游戏中获得学习的收获，体验到游戏般的乐趣。游戏指导方法在后文"幼儿篮球游戏的创设"章节中做了相应的论述。

第二节　运球是影响幼儿小篮球活动实施的关键因素

全园性幼儿小篮球活动课程也是一种运动教育课程，必定有运动技能教学，幼儿要掌握一定的运动技能才能实现课程的目标。课程的实施者主要是非幼儿体育教育专业的普通幼师，受到篮球学科专业知识制约，普通教师在课程实施过程中必定会遇到很多困难，专业知识的缺乏是影响课程实施的关键因素。笔者观察到，早期幼儿篮球活动之所以没有普及开展，主要原因是幼儿园普通教师在开展篮球活动时没有找到合适的指导策略，幼儿运动教育思想观念没有改变，对幼儿运动技能形成的规律也不了解，在教学指导策略方面比较零散、随机，指导语言也比较简单、苍白，缺乏系统计划，所以很多幼儿园没能坚持开展或开展不了，半途而废。

其实，只要幼儿园教师能为幼儿提供足够的篮球活动时间、场地和器材，让幼儿模仿、摸索和练习，不需要教师指导，三年后幼儿也能达到很好的运球水平，但游戏水平可能较低。因此，影响全园性幼儿小篮球活动实施的关键因素可以归类为：教育教学理念；对初学者拍球动作的观察与深入研究；采取适合幼儿的运球教学方法；运球动作技能形成的规律。

一、全园性幼儿小篮球活动课程教育教学理念

当前很多幼儿园受到小篮球热潮的影响，开展了篮球活动，但遇到了很多困难，对幼儿小篮球教学知其然不知其所以然，盲目跟风，容易被社会培训机构带上偏路，追求单一的运动技能训练，回归传统小篮球向培养篮球运动员发展的老路，进行有损幼儿健康的竞技比赛、机械训练或表演等等。幼儿园是

办教育的场所，幼儿园的教育内容是全面性的、启蒙性的、基础性的、阶段性的，幼儿小篮球活动课程也是如此，要注重幼儿身心的全面发展、个体差异、学习方式和学习能力，注重培养幼儿良好的学习品质，严禁超前教育和强化训练。

幼儿园小篮球教学更加要回归其游戏的本质，幼儿园小篮球活动应该是运球与爬、走、跑、跳、投、跨等基本动作和体育器械相结合的综合活动，以小篮球为载体，以体育游戏的形式组织，在游戏中融入运动、文化、教育等领域内容，满足幼儿对各种运动形式的需求，实现对幼儿身心健康起到重要促进作用的目标。

因此，教师应转变小篮球活动教育教学的观念，在教育活动中注重其他领域教育目标的渗透，同时明白幼儿园小篮球活动中的动作技能是在游戏中"玩"出来的，而且要"玩"出教育价值。

二、缺乏对初学者拍球动作的观察与深入研究

由于幼儿园长期缺乏专业的体育教育教师进行深入研究，普通教师是很难观察、分析幼儿的动作特点和形成原因的，所以不知采取何种合适的指导策略。同时，"拍球"这个俗称和篮球教科书里用"拍"字来表述运球这个动作概念，有可能误导教师和幼儿，使他们认为"拍球"就像拍手掌、拍桌子那样用手击打篮球。在幼儿篮球教学中，将俗称的"拍球"与运球动作混淆在一起，也是阻碍幼儿小篮球活动开展的关键因素。

三、采取适合幼儿的运球教学方法

运球是全园性幼儿小篮球活动课程必学的技能，幼儿运球的动作技能水平越高，可开展的活动内容和形式就越丰富，从而越全面地发展幼儿的身心健康水平。所以，运球是影响本课程开展的关键因素。

幼儿园小篮球活动主要是运球动作与爬、走、跑、跳、投、躲闪等基本动作和体育器械相结合的综合性活动，以游戏为基本组织形式，幼儿最终须掌握一定的运球技能才能实现各种课程目标，才能起到幼儿身心健康的促进发展作用。所以说篮球运动入门必学的关键动作是"运球"。从实践中观察研究普通幼师开展篮球活动的情况可以看出，幼儿小篮球活动的开展是随意的、零星

的，其采用的指导方法也是随意的、无效的，即兴的。比如：当教师看到幼儿将球越拍越低时，会鼓励幼儿"再用力拍球"。这种方法使劲儿很难掌握运球的关键动作，教师没有具体地讲解如何用力，哪个部位用力，"用力拍"的用词反而会误导幼儿。对"拍"字的误解，后面我们有专门的章节论述。

总之，我们要深入观察幼儿初学者的运球动作特点，结合幼儿本身的身心特征来分析原因，采取相应合理的指导策略，以游戏为基本方式进行支架式教学，促进幼儿小篮球活动入门必学的运球技能的提高。我们也在后面章节专门介绍了适合幼儿的运球教学方法——"帽子式"运球。

四、幼儿运动技能形成的规律

人的运动技能形成通常经历以下三个相互联系的阶段：认知阶段、联系阶段、完善阶段。幼儿运动技能形成也是如此，所以，幼儿园教师必须对幼儿运动技能形成的每个阶段的动作特点清晰了解，分析其产生的原因和特点，才能采取正确的指导策略。下面我们以"运球"动作技能的形成为例进行分析。

（一）粗略掌握动作的认知阶段

在技能学习的初期，练习者的神经过程处于泛化（或类化）阶段：内抑制过程尚未精确建立起来；注意范围比较狭窄；知觉的准确性较低；动作之间的联系不协调，特别是肌肉的紧张与放松配合不好；多余的动作较多，整个动作显得忙乱紧张，完成的动作在空间、时间上都不精确；能初步利用结果的反馈信息，但只能利用非常明显的线索；意识的参与较多。在此阶段，练习者主要是通过视觉观察示范动作并进行模仿练习，较多地利用视觉来控制动作。因此，动觉的感受性较差，对于动作的控制力不强，难以发现自己动作的缺点和错误。

在幼儿篮球运球教学中，初学者在此阶段的主要特点是幼儿对动作有了初步的印象，主要依靠视觉表象来控制和调节动作，动作表现比较紧张，动作不协调、不准确，缺乏灵活的控制能力，多余动作较多，做起动作来比较费力。从运球动作教学分析其产生的原因是前期球感、球性练习缺乏，没有打好基础。因此，幼儿在学习运球动作之前必须开展更多的球感、球性练习游戏，同时，运用直观的方法帮助幼儿辨别"拍"与"按"这两个动作的区别，为幼儿学习运球动作打下基础，建立正确的动作思想概念。然后在学习运球动作技能的初期，我们采取的是模仿戴帽子的"帽子式"运球教学方法（见后文），教师和家长要对运球动作的主要环节进行必要的示范和讲解，使幼儿对运球动作的整体性有一个初步的、全面的知觉和印象。同时，提供给幼儿较多的练习机会，让他们亲自体验和实践。在这一阶段，教师和家长不宜过多地强调动作的细节部分或过多地纠正幼儿的错误动作，只要做到基本符合"戴好帽子才用力按下去"这一新的认知即可。

（二）改进和提高动作的联系阶段

练习者经过一定的练习之后，初步掌握了一系列局部动作，并开始把个别动作联系起来。这时，练习者的神经过程逐渐形成了分化性抑制（或差别抑制），即只有条件刺激才能引起条件反射性反应，而近似刺激具有抑制作用，不引起条件反射性反应。近似刺激在相应皮质细胞内形成的抑制过程叫分化性抑制。在动作的联系阶段兴奋和抑制过程在空间和时间上更加准确，内抑制过程加强，分化、延缓及消退抑制都得到发展；注意的范围有所扩大；紧张程度有所降低，动作之间的干扰减少；多余动作趋向消除，动作的准确性提高；识别错误动作的能力也有所加强；初步形成了一定的技能，但在动作之间的衔接处常出现间断、停顿和不协调现象。在此阶段，练习者的注意主要指向技能的细节，通过思维分析，概括动作的本质特征，逐步完善地意识到整个动作，把若干个别动作结合成整体。这时视觉虽然起一定作用，但已不起主要作用，肌肉运动感觉逐渐清晰明确，可以根据肌肉运动感觉来分析判断。

幼儿篮球教学"帽子式"运球教学方法是帮助幼儿将动作具体化、形象化，与"戴帽子"条件刺激联系起来，注意力指向动作技能的细节。幼儿学习"帽子式"运球后，当幼儿能原地连续运球5次时，我们可以尝试用多种形式的游戏组织幼儿学习，在游戏中潜移默化地提升运球动作技能的同时也能促进幼儿整体性发展。在前一阶段认知的基础上，通过经常不断的小篮球游戏练习，幼儿的紧张程度或多余动作明显降低或减少，身体的控制能力有所增强，能较顺利、正确地完成运球动作，逐步形成运球动作概念。但此时，幼儿的动作还不稳定，不够熟练，在一些复杂、变化的情况下（如遇到新异的刺激或活动条件发生较大的变化等）仍较容易出现动作变形的现象，原有的多余动作或错误动作有可能随之重新出现。因此，在这一阶段，教师和家长仍要让幼儿多进行实践和练习，并注意纠正他们的动作，通过"帽子式"运球的辅助动作帮助他们逐步掌握动作的细节部分，配上2/4拍音乐提高他们动作的节奏感，使幼儿能轻松自如、协调正确地完成动作，促使动作日渐完善。

（三）动作巩固和运用自如的完善阶段

在这个阶段，练习者的动作已在大脑中建立起巩固的动力定型，神经过程的兴奋与抑制更加集中与精确，掌握的一系列动作已经形成了完整的有机系统，各动作都能以连锁的形式表现出来，自动化程度提高，意识只对个别动作起调节作用。此时，练习者的注意范围扩大，主要用于对环境变化信息的加工上，对动作本身的注意很少；视觉控制作用减弱，动觉控制作用加强，能及时发现和纠正动作的错误。

随着幼儿运球的动作技能水平的提高，他们的小篮球游戏水平也随之提高，所以，教师要根据幼儿的动作最近发展区创设更多更有挑战性的小篮球游戏，挖掘幼儿的运动潜能。在经常、反复的游戏练习的基础上，幼儿的运球动作在无形中变得更加准确、熟练和协调，同时还能较省力地完成动作，甚至出现动作的自动化（即在做运球动作时，眼睛不用看球，不需要有意识地加以控制也能顺利、正确地完成）。因此，在这一阶段，教师和家长组织练习的主要任务在于巩固和发展动作，要经常加以复习，要进一步创设更多的小篮球游戏，创设更好的学习环境和条件，使幼儿在新的条件下自如地运用动作技能，提高动作的适应性。如"运球走平衡木""运球揪尾巴""二人三足运球"等等。

以上对动作技能形成过程的三个阶段的划分可以说是相对的，实际上它们是有机联系起来的，各个阶段之间并没有明显的界限，是逐步过渡、逐步发展的。每个阶段的出现和持续时间的长短，与幼儿的发展水平、年龄特点、动作特点、教学方法等各种因素都有很大的关系，不能一概而论或统一要求。对于教师来说，更重要的是为幼儿多提供条件和机会，鼓励幼儿积极、经常地参与形式多样的活动，这是形成动作技能的基本途径。下面是我们在实践中对幼儿运球动作技能形成过程细化的六个阶段，我们对每个阶段的特点、内容做了大致的归纳，各个阶段之间是根据幼儿的实际动作水平精准划分的。每个阶段的学习内容都是为下一个阶段打基础，初级阶段的游戏内容可当作高级阶段的复习内容进行强化练习，总之，幼儿运球的动作技能水平越高，其可选择的游戏内容越丰富、游戏层次水平越高，如表中划分内容。仅供参考。

表3-1　幼儿篮球运球技能形成的各个阶段的动作特点

学期顺序	运球技能阶段特点	主要学习内容及注意事项	可供选择的游戏（见第四章）
小班第一学期	打基础阶段：喜欢玩篮球，想模仿拍球，但手部僵硬，动作不协调，手眼不分离，球完全拍打不起来或越拍越低，很难控制到球。	主要是培养球性、培养兴趣，熟悉球的运动规律和弹力习性，可采取各种地上滚球、拨球、搓球、转球和双手同时按拨球，也可自抛、互投、拍打等玩球方法，注意要有目的性，是多样化的、自由化的，力所能及的，不可勉强或强迫幼儿，不令幼儿反感。有快慢节奏明显的音乐伴奏，效果更佳。保证每天半小时以上的玩球时间。	穿山洞、打鼓、搓汤圆、炒蛋、弹弹球、转陀螺、孵鸡蛋、拨拨乐、跳圆圈、钻山洞、打高尔夫球。根据早操球操音乐节奏来做地上球感动作以及拍打、伸展、跳跃、旋转、小步跑、队形队列等动作。
小班第二学期	认知阶段：对篮球的弹性、形状、运动规律有一定的感知，能原地连续拍几次，但动作很不协调，很想学习运球自如地走、跑。	1. 懂得区分"拍"与"按"这两个动作。 2. 学会"帽子式"运球，懂得给球戴帽子的手形，记住口诀"戴好帽子才用力按下去"。 3. 强化灌输"拍"与"按"的区别方法和"帽子式"运球的概念。 4. 初学者注意观察自己和别人的手型，以大帽子、大力高帽子为主，配上2/4拍节奏音乐。 5. 利用简单游戏，提升运球动作技能，如果幼儿不会运球，可以选择抱球走或滚球走。 6. 建议小班第二学期的后半学期开展此内容。	1. 可以结合第一学期的游戏作为热身活动。 2. 木板拍按拍球活动，可以先个人辨别，再进行合作游戏。 3. 给幼儿戴帽子游戏，有个人的，有两个合作的；有徒手的、有持球的。 4. 运球走各种图形、运球后退、木头人、运球接力赛或钻山洞、捉人游戏、运球绕障碍物、转身运球、青蛙跳圆圈。 5. 根据早操球操音乐节奏来做运球、伸展、跳跃、旋转、小步跑、变队形等动作。

续 表

学期顺序	运球技能阶段特点	主要学习内容及注意事项	可供选择的游戏（见第四章）
中班第一学期	联系阶段：大部分错误动作得到纠正，动作协调性好转，动作初步定型，虽有拍打动作，手眼不分离，但能连续运球，控制球反弹5次以上。	1. 复习"帽子式"运球，练习给球戴帽子的手形。 2. 复习区分"拍"与"按"动作的直观游戏。 3. 用多种形式的小篮球游戏组织幼儿学习运球走的动作，在游戏中潜移默化地提升运球动作技能的同时也能促进幼儿整体性发展。	老狼几点钟、木头人、听指挥变向运球、运球揪尾巴、捉小偷游戏、运球绕障碍物、运球走各种图形、抢占圆圈、横向老鹰捉小鸡、两人运球交换、两人背对背抢斗球、双手左右轮换运球等。
中班第二学期	完善阶段：手臂能主动迎送球，用力，节奏有规律，动作协调，没有拍打，可以手眼分离，无意识控制球，连续20次以上。	1. 复习巩固"帽子式"运球的内容，加深无视球游戏的练习，学会自己组织玩游戏。 2. 学习左右手轮换运球，加强左手的运球能力。 3. 学习运球跑、运球跳、传接球等简单动作。 4. 学习原地运球的花样动作。 5. 学习双手运两球动作。	运球跳圆圈、运球跨过海绵积木、运球走平衡木、运球击剑、运球抢椅子、运球你推我扶、单手左右推拉球、单手前后推拉球、转身运球、双手左右轮换运球、运球摆腿穿跨、两手运两球、投篮游戏等。
大班第一学期	自动化阶段：左右手控制球灵活自如，能运着球完成跑、跳、跨跳等动作。双手同时运两球，连续10次以上。	1. 强化左手运球能力的游戏。 2. 双手运两球的花式动作。 3. 学习传接球动作。 4. 移动动作及行进间传接球。 5. 定点投篮及三步上篮动作。 6. 低层次篮球比赛规则游戏。	单手左右推拉球、运球变向跑游戏、运球跑接急停游戏、高低运两球、运两球左右推拉、愤怒的小鸟、发射炮弹、运球绳子拉力赛、运动跳绳梯、运球跨栏、打败光头强。
大班第二学期	自动化提高阶段：运球动作灵活自如，爱表现自己，喜欢竞赛类游戏和有挑战性的游戏。	1. 花式篮球表演。 2. 进攻防守动作。 3. 小小篮球比赛。 4. 注意竞赛技术不是我们的目标，要控制好幼儿的运动量和难度，是全园性的活动，人人都要参与。	个体的运球动作水平越高，挑战难度的需求和各种配合的需求也就越高。将篮球运动里的基本技术、基本战术简化成游戏活动，激发幼儿篮球兴趣。

第三节 篮球运球概念中"拍"与"按"的
动作分析与辨别策略

当前篮球教学中对运球认识产生了很大的误区，人们已习惯用"拍球"来代称"运球"，在日常生活中已成为运球的俗称，特别是在幼儿篮球教学中，拍球已有自身的概念。众多篮球指导书籍及权威的全国体育学院篮球教材也是用"拍"字来解释运球。但人们缺乏对"拍"字含义的理解和推敲，导致拍球动作很容易被初学者误解为用力单一拍打、击打、抽打，这些动作对球的用力时间都是瞬时的，力的作用时间短，难以控制球。尤其是幼儿或普通教师更容易被误导，认为拍球就像拍手掌、拍桌子那样用力地拍打，就会套用拍打动作使劲地拍，结果球不受控制。因此，我们认为有必要对"拍"与"按"进行动作分析，帮助幼儿和普通幼师理解和区分两者的不同，为今后实施运球教学建立正确的动作概念打下基础。

一、文献中运球概念的表述分析

全国体育学院教材委员会编写的《篮球》的运球概念是"持球队员用手按拍借于地面反弹起来的球的动作"；运球技术分析里的手部动作："运球时，应以肘关节或肩关节为轴，伸前臂，屈手腕，五指自然张开，主动迎从地面反弹起来的球。当手与球接触一刹那，要屈前臂，伸手腕，手指放松，以缓冲球向上的反弹力量，控制球的反弹高度和速度；当球在手中短暂停留后，应迅速伸前臂，屈手腕，手指柔和地按拍球，使球向前进的方向运行。"①

《学前儿童体育》中所述："幼儿拍球动作基本要领是：用前臂、手腕、

---

① 全国体育学院教材委员会. 篮球［M］.北京：人民体育出版社，1992（6）：64-65.

手指等部位肌肉的共同与协调用力将球拍起，当球从地面上反弹起来的时候，手要自然地随着球向上抬起缓冲，然后再向下拍球。"①

在这两种文献教材中，分别用了"按拍"和"拍球"来表述运球的概念；虽然运球动作过程分析是正确的，但我们研究发现这两种概念用"拍"字表述是错误的，实际运球过程是没有出现"拍"动作的，更何况"按"与"拍"两个完全不同的动作合成"按拍"来表述是自相矛盾的，下面对"拍"与"按"两者进行分析。

二、"按"与"拍"两个完全不同的动作合成"按拍"产生矛盾

（一）"拍"字含义与动作分析

商务印书馆出版的《新华字典》对"拍"的基本字义解释是用手掌轻轻地打，如：拍球、拍掌、拍击、拍凳等。从这些动作起始过程看，都出现手掌与被拍对象有一定的距离时就开始用力加速再拍打物体，力的作用时间短，是瞬时的。根据"拍"字含义，以拍球为例来分析用力的整个过程（如图3-3-1）：①手掌加速→②触球用力→③手掌与球分离，最大的特点是手掌触球用力之前有一段加速距离，手一触球作用力就瞬时产生，瞬时消失，然后手与球立刻分离。如果用这种拍打的动作去拍球，手很难控制球。

图3-3-1　拍球用力过程分析（箭头线为手加速拍打的距离）

———————————

① 刘馨.学前儿童体育［M］.北京：北京师范大学出版社，2000（6）：108.

（二）"按"字含义与动作分析

"按"字的基本字义解释是用手压或揿，如：按脉、按电铃等，这些动作表现出手先与被按对象接触后才用力，力的作用持续了一定时间。以左手扶球，右手用力按球时左手移开，使球被按压至地面为例来分析用力的整个过程：①手掌触球→②手用力按压球（力持续了短暂时间）→③手掌与球分离。与"拍"最大的区别是："按"是要手先与球接触再用力，力是持续性的；"拍"是手与球接触前就用力，力是瞬时性的。

小结，"按"与"拍"是两个完全不同的动作，把两者连在一起合成一个动作"按拍"是无法同时完成的，两者是不可能同时存在的，所以说这两者之间产生矛盾。

三、运球动作要领文字表述与实际操作产生矛盾辨析

根据《篮球》运球和《学前儿童体育》"拍球"（运球的俗称）两者的动作基本要领来分析手掌的用力过程：①手迎接球→②手触球缓冲（球在手中短暂停留）→③手指柔和地按拨球→④手与球分离。最大的特点是手掌触球缓冲，球在手中短暂停留后手才有向下的作用力，这等于按在球面再用力，手按在球面后向下加速压，手指拨球后才分离。这与拍球动作的最大区别是多了一个触球缓冲阶段，手用力之前不是一段加速距离，而是一段对球减速缓冲的距离。

图3-3-2 按球用力过程分析（双箭头线为对球减速缓冲的距离）

因此，从这两本教材所讲的运球动作基本要领分析看，整个过程并没有出现"拍"的动作；并且从标准运球动作的慢速视频中观察（如图3-3-2），整个运球过程也没有出现"拍"的动作。动作过程解释是正确的，但用"拍"字进行文字说明是错误的，所以说这两种运球概念是动作要领的文字表述与实际操作产生矛盾。

四、运球动作技术分析中"按拍"与"缓冲"前后产生矛盾辨析

从动作用力过程分析，"按拍"与"缓冲"是两个完全不同的动作，也可以说是完全相反的动作。根据拍球动作用力原理，手拍球时，手是先与球分开的，当手触球时作用力就瞬时产生，瞬时消失，然后手与球立刻分离，对球起到加速作用。而"缓冲"是使球减速在手中短暂停留，为下个环节给球加速用力做准备，缓冲后再用力，手与球是没有分开的，这个动作应该是"按"而不是"按拍"。两者不可能同时存在的，所以说两者之间产生矛盾。

五、辨别篮球运球概念中"拍"与"按"动作的直观方法

（一）两手掌分开拍手掌与两手掌合紧按压，前者发出拍打的声音，后者没有任何声音，从产生声音的结果让幼儿辨别拍与按的动作，然后将此两种动作转移到运球练习中。

引导策略：小朋友看看老师在做什么动作（教师拍手掌鼓掌）？再看看这个又是什么动作（教师两手掌合紧互相按压）？你们也来试试这两个动作，边试边观察这两个动作有什么不一样（幼儿开始练习拍手掌和按手掌）。这两个动作有什么不一样啊（教师问幼儿）？它们最大的区别是什么（教师问幼儿）？如果幼儿回答不出来，辨别不出来，教师可以边示范边提醒幼儿用耳朵去听，用眼睛来观察两只手的位置。最后教师帮幼儿梳理总结出经验，可以从手发出的声音和手的距离来辨别"拍"与"按"两个动作。

教师可以告诉幼儿："小朋友，如果你的手离开球用力'啪啪'拍打球儿，球宝宝会感到怎么样（幼儿回答他会感觉很痛的）？是的，球宝宝会感到很痛的，他就不想跟你一起玩，就会到处跑；所以我们要等到手碰到球后才用力按下去，不要拍打球宝宝。按的时候是没有声音的，就像给球宝宝按摩

一样，他会觉得很舒服，会很喜欢你的，这样球宝宝才听你的话，不会到处跑。"最后让幼儿在实际练习中体验。（如图3-3-3）

图3-3-3 用手与球的距离区分"拍"与"按"

（二）用木板做成的球拍（篮球犯规牌）来运球。一种是球拍与球分开拍打球；另一种是球拍触球后再按压球。前者球拍与球有一定距离并会发出声音；后者球拍与球没有距离并不会发出声音。可从两者的不同点引导幼儿思考辨别拍与按的动作，让幼儿在玩游戏中练习体会。此方法更直观，效果更显著，可为今后运球教学建立正确概念基础。（如图3-3-4）

图3-3-4 通过声音区分"拍"与"按"

六、结论

篮球运球动作要领解释不适合用"拍"字来表述，运球时手部动作只有"按"，可以用按球、压球、按拨球，拍球这种动作只会出现在初学阶段，是单一的动作词组，在运球教学初期不要使用"拍球"的说法，避免误导年幼的学生。

第四节　幼儿篮球运球初学者的动作特点

由于幼儿总体发展水平相对较低，无论是身体发育水平还是思维理解能力水平都相对较低，在运动技能教学方面，我们要与中小学、成人的教学方法和学习方法进行区别区分，特别是在篮球运球这个动作的学习当中，不能将体育学院的篮球教科书里面的那一套方法照搬过来用在幼儿身上，不能用难懂的专业术语来讲解和示范。

因此，我们要解决幼儿篮球中运球动作技能教学的问题，必须对幼儿小篮球运球初学者的动作特点进行观察与分析，我们应该深入观察幼儿初学者的运球动作特点，结合幼儿的身心特征来分析，采取相应合理的指导策略，以游戏为基本方式进行支架式教学，使幼儿轻松、快乐、快速地掌握小篮球活动入门必学的运球技能。

初学者拍球动作不协调是必经阶段，是正常的现象，我们幼儿园教师应该站在幼儿的角度思考和研究其动作，分析其产生的原因，才能采取适合幼儿的教学方法。从幼儿思维能力水平思考，幼儿是没办法观察和分析出运球动作的运作过程与规律的，是无法辨别什么时候用力、用多大力才合适的；从幼儿身体发育水平思考，幼儿的手小、肌肉力量小，手指小肌肉不发达和不协调。据我们观察研究，初学者的运球动作最常见的有八种特点。

一、五指并拢拍打球

幼儿五个手指并在一起，与手掌形成一块，就像平时拍桌子一样用力拍打球，球自然不受控制到处跑。这就是初学者的认知，他们以为只有用力并紧手指，手抬高高地用力拍打球，球才能弹得更高。幼儿有努力改变现状的愿望，但苦于没有正确的指导策略，教师要引导幼儿五指自然分开，扩大手掌与球面的接触面积，提高控制球的稳定性。

二、锁紧腕关节拍球

腕关节紧锁着，像一块硬木板一样击打球，球自然不受控制。幼儿也是以为只要手用力拍打就可以，这样会导致紧张用力，动作僵硬不协调，没能运用手腕的按拨力量进行缓冲球和按压球。教师要引导幼儿手腕弯曲按拨球，示范五指分开、手腕弯曲上下摆动，让幼儿想象这个动作像什么，比如像扇扇子、像在招手等等。

三、手离开球面用力击打

这是初学者最常见的拍球动作，手离篮球还有一段距离就开始加速用力击打球，这种用力是瞬时的，一产生就消失，手与球失去联系，球失去控制，自然到处跑了。

幼儿模仿我们成人的运球动作，他们只能观察到我们大人的手是上下摆动拍打球，过程中的动作用力细节是观察不出来的，我们成人也不一定能看出来，更何况幼儿。幼儿也有可能被日常生活中的"拍球""打篮球"口语俗称误导，以为就像拍桌子、拍手掌那样真的拍打。教师示范和引导幼儿五指分开、手腕弯曲、手贴紧球面按拨球。把自己的头当成球来试试用力按拨，让幼儿猜猜这个动作像什么。

四、跷起五指用掌心击球

由于幼儿的手指细小、力量小，有一部分幼儿觉得手指用不上力，干脆用最有力、最厚实的手掌部位击打球，用这样的手形用力拍球自然很难控制球。幼儿的手掌本身就小，加上跷起五指，手与球的接触面积更小，控制球的稳定性更差。

教师示范和引导幼儿五指分开、手腕弯曲、手掌和手指都贴紧球面按拨球。把自己的头当成球来试试用力按拨，让幼儿猜猜这个动作像什么。

五、直臂往下拍压球

初学者直臂拍压球主要靠肩关节用力，表现在肘关节和腕关节僵硬、不灵活，导致球上下反弹的节奏变得很急促，球没能充分反弹至胸前，这样球就会越拍越低，最后拍不起来。教师要引导幼儿等球反弹至胸前才用力按球，幼儿的手臂抬高了，腕关节也抬得比肘关节高了，两者的上下位置变换了，手向下按时，肘关节自然就会用到力了。

六、只用手指拍球

只用手指拍球的幼儿对篮球的重量、形状、弹力、运动规律等性质不太了解，球感很弱，平时应该很少玩球和接触篮球，对球的认知水平较低，才只会手指拍球。幼儿的手指细小、力量小，只用手指拍球是完全拍不起来的。

七、拍球力量点不正确

初学者幼儿拍球动作不协调，紧张无序，越想拍高就越用力，越用力，球的反弹速度就越快，幼儿的动作就会越来越急促，就会着急地拍打球靠近自己的那一面，而不是球的正上方，球就会向前跑得更远，或者是追着球的后侧面打，拍球的着力点不正确，球就不受控制。教师示范和引导幼儿给球宝宝戴帽子，让幼儿猜猜这个动作像什么。"是的，就像戴帽子一样，要从头的正上方戴上，不要戴歪帽子哦。"

八、手触球用力的时机不正确

规范的原地胸前运球最大的动作规律特点是每次在球变成"强弩之末"时，即球的反弹力量快衰竭时，手就开始用力按拨球，形成一个上下运作球的循环。幼儿不明白这个道理，他们只知道能拍到球、拍多几次球就会弹起来，因此会在球还没有反弹到胸前就用力将它拍打下去，这样没有节奏的拍打只会使球越拍越低，这就是用力时机不正确导致的。教师左手扶球，右手在球正上方，用慢动作演示右手用力按球的时机，使幼儿直观地看到球反弹到什么位置右手才用力，同时，通过配上2/4拍的音乐来帮助幼儿掌握运球用力的节奏，边听音乐的节奏边运球。

综上所述，在初学者这八种运球动作特点中，影响运球技能的主要因素是第八种"用力时机"，即"用力节奏"，这种因素关系到球能否反弹或充分反弹，如果球还没有充分反弹就被拍打下去，会造成球越拍越低。其他七种是运球的手形特点，主要影响运球的稳定性。手形不规范，球也有可能被运起来，但用力时机不对，球只会越拍越低。这些特点是小班幼儿或初学者必经的阶段，教师应该理解这是幼儿自身发展水平所决定的，这是运球动作发展必然的过程，而不应该理解为"是幼儿动作不规范、不正确"。否则，教师的指导策略可能会不规范、不准确、不科学。

我们已经知道幼儿初学者这八种运球动作特点形成的原因和造成的后果，就可以有针对性地创设教学策略，寻找一种可以同时解决以上八种问题的教学方法：幼儿篮球教学"帽子式"运球。

第五节　幼儿篮球"帽子式"运球的
创设与教学策略

一、帽子式运球的提出背景

1. 运球在幼儿体育教学中对幼儿发展的重要性

运球在幼儿篮球教学中是必学的入门技术，是与其他技术动作组合运用的关键，也是幼儿对篮球运动兴趣的延续；运球是锻炼幼儿体质的一种简单安全、多样有效、容易实施的途径，是深受幼儿喜爱的体育活动，能够满足幼儿运动、娱乐、交往、创新等多种需要，对幼儿的发展具有深远的意义。

2. 当前人们对"拍球"的认识误区

查阅《中文科技期刊数据库》的相关运球文献资料，结果表明：只有中小学运球教学的组织形式的研究，没有关于幼儿拍球动作技术研究的相关文章。同时，国内权威参考书——全国体育学院教材委员会编写的、1992年6月人民体育出版社出版的《篮球》一书64页讲述了运球的概念和技术分析，出现"拍"字的表述，书中介绍的传统的运球方法俗称"拍球"。幼儿拍球动作的基本要领同样出现"拍"字的表述，只讲到单一的"拍"字。而《篮球》中的运球（以下称为传统运球）是指"持球队员用手按拍借于地面反弹起来的球的动作"。概念中讲明运球动作是"按拍"而不是单一的"拍"，所以"拍球"的习惯称法是很不规范的，很容易被误解为用力拍打、击打、抽打，这些动作对球的用力时间都是瞬时的，力的作用时间短，难以控制球。同时，传统运球对于中小学生来说是很简单的动作，很容易被理解和掌握，这种观念导致幼教者忽视了对传统运球是否符合幼儿的身心特征进行考证，国内也缺乏对幼儿运球动作的研究。可见人们对"拍球"这种习惯称法认识不够深透。

3. 缺乏适合幼儿的篮球教学方法和教材

篮球教学在幼儿园开展的基本状况及存在问题：球类运动是幼儿最喜欢的活动，特别是篮球，不管自己会不会拍球，他们都能拿着一个球玩到累为止。可惜目前篮球教学在幼儿园并未普遍开展，除了有些幼儿园配有体育教师外，其余幼儿园的篮球教学大多数只停留在玩球、拍球，而且教师常是按我们成人自己拍球的体会来教幼儿的，那当然是教不好的，根本没能教给幼儿正确的、合适的拍球方法，尤其是原地运球（拍球），这是基本的入门技术，影响到幼儿控制球和支配球的能力，影响到其他基本技术的掌握和提高。幼儿教师的学识背景有限和找不到具体的幼儿教材两种因素造成篮球教学难以实施，幼儿教师有时感觉心有余而力不足，具体原因：一、专业知识水平缺乏，导致没能根据幼儿拍球动作特点和身体特点总结原因，无法寻找合适、正确的教学方法；二、市面上的教材都是为成人而写的，不适合幼儿。加上"拍球"的习惯叫法本身就很不规范，很容易被人们误解为用力拍打球、击打球，这两种情况对球的用力时间都是瞬时的，力的作用时间太短，很难控制好球。因此，看似简单的问题，操作起来却很困难，往往事倍功半，甚至徒劳无功。对于幼儿师范院校毕业的教师来说，要解决这些专业问题确实有极大的困难。

因此，我们通过观察幼儿初学者运球的动作特点，归纳出八种动作特点，针对这些特点，一一找出对应的解决方法。我们根据篮球运动的专业知识、幼儿身体特点和认知水平设计编写出一套更有效、更适合幼儿的教学方法——"帽子式"运球，此方法既简单又易于幼儿理解和掌握，希望能打破零教材的局面，为广大幼儿园教师提供教学参考，为推广幼儿篮球教学做点贡献。

二、"帽子式"运球的界定

1. 帽子式运球

是指持球幼儿用手作帽子形状戴于球面再按拨球反弹的动作，是更符合幼儿身心特点的、更易于幼儿理解和掌握的有效的运球方法。

2. 运球

本文的运球是指篮球的原地胸前高运球，以下简称运球。

3. 适用范围

适合幼儿初学者，也可以延伸到低年级小学生的初学者。

三、帽子式运球的动作要领及创设依据

帽子式运球的动作要领是参考教科书《篮球》的运球技术分析来编写和创设的，运球技术由幼儿的身体姿势、手形、手按拨球的动作和球的落地点等四个环节组成，手按拨球的动作是主要的，它决定球的反弹角度、速度、高度。帽子式运球技术分析如下：

1. 身体姿势

运球时两脚左右自然开立，稍宽于肩膀；膝盖微屈，上体稍前倾，抬头平视（初学者要眼视手和球）。

创设依据：

左右开立有利于平分两脚的承受力，使幼儿两腿不容易疲劳；而传统运球是两脚前后开立站，上体前倾时，重心偏向前脚，前腿承受力增大，容易使幼儿的前腿疲劳。

2. 手形

初学者主要是以胸前高运球为主，以右手按五号球（直径24cm）为例，左手扶住球的下面，右手五指自然分开，腕关节下屈，掌心、掌根、五指及前臂前端紧贴球面，做成一顶帽子形状包住球的正上方，给球戴帽子，持球于胸前。

图3-5-1 手形

创设依据：

（1）身前高运球、眼睛注视手和球有利于幼儿观察自己的手形及球的运行

规律，及时调整手的协调配合，也有利于手部充分形成帽子形状，增加幼儿的手对球用力的时间和幅度。

（2）选择五号球是便于幼儿的手更容易找到球面，增大球与地板的接触面，提高球运行的稳定性。

（3）由于幼儿手掌面积小，手腕力量小，特别是手指的力量更小，所以要以全手掌、五指及前臂前端紧贴球面，形成帽子状，扩大幼儿的手部与球的接触面，提高球运行的稳定性，使球不会左蹦右跳。而传统运球是手与球接触时，五指自然张开，用手指和指根以上的部位触球，掌心必须空出，这样不能解决幼儿手部动作的缺陷问题。

（4）戴帽子在日常生活中属于幼儿的认知范围，用手作帽子状给球戴上也容易被幼儿理解，是一种比较恰当的比喻，能使幼儿时刻记住触球的手形，使他们更感兴趣，更容易理解动作要领，更快地掌握动作技术。

3. 手按拨球的动作

手按拨球时，以肘关节、肩关节、腕关节为轴，三轴合为一体，用压上臂、伸前臂、屈手腕、拨手指的力量共同来按拨球，球在向下离开手掌之前，手腕用力向下屈，手指用力拨球。球在上升时手掌要主动迎接包住球，当球再次触到手掌时，全手掌、五指及前臂前端再次紧贴球面，给球戴上一顶帽子，同时保持不阻挡球上升，让球充分反弹至胸部形成开始的持球姿势，准备下一次按拨球动作。整个过程手应柔和地随球上下迎送按压，尽量延长手控制球的时间。口诀是"戴好帽子才按下去"。

创设依据：《篮球运动理论》[1]一书中讲道："不同的运球方法可以以不同的关节为轴进行运球，以往的教材多以肘关节为轴来描述运球技术，这是不够全面的……运球时手的动作可分解为两个既不同又合为一体的动作结构，即压球和触球（美国人称'压球'，我们的教科书称'拍按球'）。当手触球后用力拍按球至地面的动作称为压球，当球自地面反弹回来，手触球以缓冲来球的力量，这个过程称为触球。触球和压球的时间尽量要长，以延长控制球、支配球的时间，这是因为，在增加球力量的同时，必须增加压球的时间；压球的

---

① 温家平，姚维国，张盛荣.篮球运动理论［M］.济南：山东科技出版社，2002：87-88.

力量大，球的反弹力也就大，触球的时间和过程也就长。所以延长触球和压球时间就必须加大压球的力量。"

帽子式运球的创设是要求幼儿以胸前高运球和以肘关节、肩关节、腕关节为轴，三轴合为一体，用压上臂、伸前臂、屈手腕、拨手指的力量共同来按拨球，既能延长触球和压球时间，也能增加压球的力量。

4. 球的落地点

球的落地点与身体距离要适当，一般是头部在地面的垂直投射点，使球完全保持在自己所能控制的范围内。

四、"帽子式"运球的教学步骤

总体教学顺序是：概念思想建立——动作要领理解——动作技术掌握，由浅到深，循序渐进，以各种既简单又易于幼儿理解和掌握的游戏性教学活动使幼儿产生浓厚兴趣，帮助幼儿逐步形成帽子式运球的思想概念。当幼儿脑中完全建立起思想概念时，教师只要给幼儿安排足够的练习时间和个别辅导与纠正就能达到目的。整个过程中教师要注重幼儿的戴帽子的正确手形，不要过于强调用力的细节，当幼儿能理解帽子式运球的动作技术要领时，手掌给球戴上帽子就能自然而然地、正确地用力。同时，幼儿运球技能的掌握需要经过较长时间的练习，因此教师在安排幼儿练习时间和制定教学计划时，必须重复地在每个学期之初实施以下所有教学步骤，可以起到复习、巩固、提高的作用，只要能做到这些，幼儿经过三年"帽子式"运球的学习后，一定会受益匪浅。

步骤1：初学者的球感练习

球感是"人体对球接触中的一种综合感觉，指对球的形状、轻重、弹性、飞行方向和长度等极为精细的一种感觉，是篮球运动员争取胜利的一种重要的心理、生理因素。"[①]主要是熟悉球的运动规律，增强对球运动的时空的判断能力和提高力度的调节能力，加深与球的亲近感。这是初学者在学习运球之前必须进行的，尤其是刚入园的小班级幼儿，总体发展水平较低，主要应以熟悉球感能力为主，可以进行各种地上滚球、拨球、搓球、转球和双手同时按拨球

---

① 温家平，姚维国，张盛荣.篮球运动理论［M］.青岛：山东科技出版社，2002：87.

等玩球方法。球感练习是多样化、自由化的，教师可以根据幼儿特点和器材场地情况来设计不同的练习，然后视其球感熟悉程度而调整教学的进度。

步骤2："帽子式"运球的模仿游戏的教学

（1）模仿游戏的引入目的：帮助幼儿在脑中初步形成"帽子式"运球的思想概念，加深幼儿对手形、用力时机、用力节奏的理解。

（2）具体操作方法：根据"帽子式"运球的动作要领，教师用手做成帽子形状，戴在头上，把头当成篮球来按压，手和头保持不分开，当手用力下按时，两腿半蹲后再蹬直，身体先下降后上升，完成动作时要保持有弹性且连贯，模仿运球时的情形，注意五指要自然分开，配上2/4拍的音乐，跟着节奏完成动作。可由教师与幼儿、幼儿与幼儿组合练习；可原地练习，也可移动练习。

图3-5-2　头上戴帽子

步骤3："帽子式"运球的辅助动作的教学

（1）辅助动作练习的目的：辅助动作练习是整个教学策略的重点部分，能巩固帽子式运球的思想概念，帮助幼儿掌握用力的时机和用力节奏，感受以肘关节为轴，前臂伸缩用力的方法，让幼儿明白"当球上升触及手掌时，给球戴好帽子才用力按下去"，强调手不要离开球，不要主动击打球和阻挡球的上升。

（2）具体操作方法：教师两脚左右自然开立，双手扶住球于幼儿胸前，幼儿要参照帽子式运球的动作要领，右前臂上屈，手掌给球戴帽子，以肘关节为轴，前臂伸缩有节奏地按压球，手始终不要离开球，教师要控制好幼儿的用力节奏，在幼儿用力时稍给点阻力，球呈上下移动。可由教师与幼儿、幼儿与幼儿组合练习，跟着2/4拍的音乐节奏完成动作。（如图3-5-3、图3-5-4）

图3-5-3　给球戴帽子

图3-5-4　与同伴玩给球戴帽子

步骤4："帽子式"运球完整动作的教学

（1）教学的目的：使幼儿在辅助动作练习的基础上真正体会帽子式运球的完整动作技术要领，使幼儿在练习时在脑中呈现帽子式运球的基本模式，把前面的思想概念转用到运球的实践中，将反映出来的信息反馈给教师，教师才能根据幼儿掌握的程度而调整教学进度或采取个别辅导。

（2）操作方法：首先，教师根据"帽子式"运球的动作要领做完整的动作示范和分解讲解，重点是使幼儿的手保持给球戴帽子的动作，即尽量延长手的控制球的时间，让幼儿明白运球时要"戴好帽子才按下去"。其次，幼儿在独立练习帽子式运球时，教师主要是多观察幼儿的手形和用力时机，提醒幼儿的手形要像帽子、触球及用力时机要适当、控制好运球的节奏，如发现错误动作要及时帮其纠正，积累更多因材施教的经验。最后，教师以典型错误动作做错误动作示范，让幼儿辨别正误、讨论原因。

步骤5："帽子式"运球的个别辅导的教学

个别辅导是指针对幼儿常出现的错误动作而进行个别辅导，起到纠正与辅助的作用，特别是对纠正"手掌离开球用力击打"有很大的帮助。

（1）教师右手扶住球于幼儿胸前，幼儿的右手给球戴帽子，教师左手再按紧幼儿的右手向下按压，右手向上扶，形成活塞式上下移动，让幼儿感受手没有离开球、手腕的用力、手指拨球等动作方法。（如图3-5-5）

图3-5-5　个别辅导戴帽子

（2）教师站在幼儿的身后用左手扶住球，右手抓住幼儿的右手前臂向下按拨，同时左手移开。当球由地上反弹起来时，左手赶快扶住球，回到开始的持球动作，然后重复练习，教师要视其掌握程度而决定何时完全移开左手。

综上所述，教师要在幼儿学习"帽子式"运球之前做个完整的动作示范和讲解，可以跟幼儿做互动问答，让幼儿自己观察手给球戴帽子的形状。同时，以上五种辅助性教法有先后顺序，教师要根据幼儿掌握的程度来选择教学方法。实际操作中，教师主要是多观察幼儿的手形和用力时机，积累更多因材施教的经验。教法一、教法二趣味性强，幼儿很喜欢玩，作用也大，对幼儿掌握"帽子式"运球有很大的帮助，目的是让幼儿明白"运球时要戴好帽子再用力"，因此要多练习。教法三、教法四是可以纠正幼儿所有错误动作，最适合初学者，也可以对幼儿进行个别辅导。最后要让幼儿在辅助练习的基础上独立练习，真正体会"帽子式"运球的完整动作技术要领，教师要在旁边观察，提醒幼儿的手形要如帽子、触球及用力时机要适当、控制好运球的节奏，如发现常见的典型错误动作要及时帮其纠正。所有教法的重点和难点是使幼儿的手保持给球戴帽子的形状，即尽量延长手的控制球时间。

也可以增加一些趣味性游戏，在游戏中练习"帽子式"运球，如：在游泳池里持球练习，水位在幼儿的胸部，幼儿用手给球戴帽子，按拍球上下移动，手始终不离开球，反复练习。这种练习方法的效果很好，但受条件限制。

五、实验检验教学效果与分析研究

1. 研究对象

东莞市机关第二幼儿园2009年1至7月份在园大班四个班级幼儿140人，中班四个班级幼儿150人，小班四个班级幼儿130人，共420人。

2. 研究方法

实验法、对比法、记录法。实验前对研究对象的拍球情况进行摸底测试并记录，再对各个班的带班老师、保育员进行"帽子式"运球的培训和对研究对象进行"帽子式"运球的教学实施。实验期间，带班老师或保育员坚持每天带幼儿进行户外"帽子式"运球练习活动，人手一球，练习时间大于半个小时。经过两个月的"帽子式"运球练习后再对研究对象进行测试并记录。

图3-5-6 教职工"帽子式"运球的培训

表3-2 2009年我园幼儿进行"帽子式"运球教学实验前后对比

班级	评估标准 比例	A水平 （0~1种）	B水平 （2种）	C水平 （≥3种）	达到广东省一级 园评估标准	初学者常见的 八种动作特点
小班级	实验前	3.8%	13%	83.2%	21%	1. 五个手指并着拍球 2. 锁紧腕关节拍球 3. 手离开球用力击打 4. 五个手指头跷起用掌心击球 5. 直臂往下拍压球 6. 只用手指拍球 7. 拍球力量点不正确 8. 触球用力的时机不正确
小班级	实验后	19.2%	18.5%	62.3%	65%	
中班级	实验前	10.7%	43.3%	46%	49%	大班： 男子90次/分 女子83次/分
中班级	实验后	58%	23.3%	18.7%	97%	
大班级	实验前	15.6%	35.2%	49.2%	56%	中班： 男子69次/分 女子63次/分
大班级	实验后	81.4%	14.3%	4.3%	100%	
全园合总	实验前	10.2%	31.1%	58.5%	43%	小班： 男子44次/分 女子41次/分
全园合总	实验后	53.8%	18.8%	27.4%	87%	

3. 实验结果与分析

全园的实验结果表明（见表3-2），教学效果和幼儿的年龄成正比关系，年龄越大，"帽子式"运球的教学效果越显著。全园幼儿的拍球情况A水平由原来的10.2%增加到53.8%；C水平由原来的58.5%下降到27.4%，证明"帽子式"运球的教学效果显著。特别是大班级幼儿的测试结果提高更加明显，A水平由原来的15.6%提高到81.4%，省一级评估指标达到100%合格；中班级幼儿A水平由原来的10.7%提高到58%，省一级评估指标达到97%合格，教学效果同样显著。而小班级的测试结果相对大中班级来说，19.2%的结果所占的比例虽然不大，但相对实验前3.8%的比例有很明显的提高。各个班具体实际实施教学情况和数据统计显示，个别班老师的积极性和培训期间掌握"帽子式"运球的水平对实验结果有一定的影响，但对总体影响不大。实践与实验证明，"帽子式"运球可操作性强，易于教师、保育员、幼儿三者理解掌握，教学效果显著，可以运用到实际教学中去。

六、结论与建议

（1）实践与实验证明，"帽子式"运球是可行的，教学效果显著。实验结果表明，"帽子式"运球的教学效果和幼儿的年龄成正比关系，年龄越大，"帽子式"运球的教学效果越显著。

（2）"帽子式"运球的动作技术关键是"运球时要戴好帽子再用力，尽量延长手掌对球用力的时间"。

（3）"帽子式"运球比传统拍球法更适合幼儿，是为幼儿量身定做的，教师有了具体操作方法，教学目标显得更明确。教师掌握运球教学的水平和实施的积极性都会影响到幼儿掌握"帽子式"运球的程度。

（4）建议幼儿园要为幼儿提供足够的场地和篮球；合理安排时间，保证幼儿每天半小时的练习，严格执行教学计划。先由教师和保育员掌握好"帽子式"运球的教法，再对幼儿全面实施"帽子式"运球教学，这样才能取得事半功倍的效果。

第六节　小篮球运球初学者动作技能发展的指导策略

一、球感游戏练习奠定运球教学必要的经验基础的支持策略

球感练习是所有年龄段的篮球运球初学者必经、必练阶段，不可逾越，无论是幼儿、中小学阶段还是成人阶段，球感练习都是初学者必须练习的内容。球感掌握得越熟练，学习运球动作越快；年龄越大，球感熟练所需的时间越少；同时，不同年龄阶段的球感练习组织方式有所不同。幼儿阶段主要是通过各种在地面上滚球、撞球、拨球、搓球、转球、敲打球、拍打球、投球、抛球、双手同时按拨球等基本玩球游戏的动作来培养球感。3～4岁幼儿小班级阶段实施篮球游戏活动也是以球感练习为主，这是运球教学必要的经验基础。

当前很多幼儿园急于出成果，对球感练习认识存在误区，认为球感练习与幼儿学习运球技能没有关系，直接对小班幼儿初学者实施运球教学，硬性规定幼儿要拍球一次性拍到一定数量才达到要求，还要家长在家督促检查或自己想办法教孩子拍球，结果幼儿厌学了，家长很反感，幼儿园和老师好心办了坏事。

据观察，很多初学者幼儿开始接触球时，是很喜欢玩篮球的，但当教师要求他们练习"拍球"时，练习2分钟30秒后就开始自由玩球了，因为他们对拍球没有兴趣，原因是球拍不起来，所以逐渐失去兴趣和信心。所以，这阶段的拍球活动还是要以幼儿自主、自由练习为主，将拍球组织成幼儿感兴趣的游戏进行球感练习。虽然有个别4岁前的小班幼儿运球动作能协调自如，但普遍幼儿还是因为身心发展水平较低而不能轻松驾驭运球动作，超出幼儿动作发展最近发展区。

因此，球感练习是幼儿初学者学习运球之前必经的阶段，尤其是刚入园的小班级幼儿，总体发展水平较低，要以熟悉球感为主。球感练习是多样化

的、自由化的，教师可以根据幼儿身心特点和器材场地情况来设计不同的练习游戏，组织幼儿亲近篮球，了解其形状特征、反弹性质、击打反应、运动规律等，然后视其球感熟悉程度而调整教学的进度。可将各种球感练习动作融入游戏，增加幼儿学习兴趣，培养幼儿球感，如将滚球动作设计为《小猴子运西瓜》体育游戏，将撞球比作"碰碰车"，将拨球比作"喝醉的球"，将搓球比作"搓汤圆"，将转球比作"转陀螺"，将拍球比作"赶小猪"，将投球比作"发射炮弹"，等等。

二、对4岁左右幼儿实施"帽子式"运球①教学的指导策略

第一，运用前文所述的辨别篮球运球概念中"拍"与"按"动作的两种直观方法，使幼儿能够通过"声音"和"距离"清晰地区分"拍球"与"按球"这两个动作，并能在动作体验中总结出"按球"比"拍球"更稳定，为接下来学习"帽子式"运球建立正确的认知经验，可将"拍"与"按"动作的两种直观方法转化为游戏形式来组织。

第二，"帽子式"运球教学方法是根据初学者的运球动作的八种特点而创设的，主要解决幼儿运球用力时机不正确和不稳定的问题。戴帽子在日常生活中是幼儿的认知范围，全手掌、五指及前臂前端紧贴球面，用手作帽子形状，给球戴上一顶帽子也容易被幼儿理解，这本身也是一种模仿游戏，使幼儿更感兴趣、更容易理解动作要领、更快地掌握动作技术，使幼儿时刻记住手触球时的手形，同时也增加了教学的趣味性，提高了教学的效果。同时，这也是普通幼师容易掌握和操作的教学方法，只要记住口诀"戴好帽子才按下去"就可以。要为幼儿提供较多的练习、体验机会，不用强调动作的细节或纠正幼儿的"不规范"动作，也可以配上节奏感较强的2/4拍音乐，让幼儿根据节奏完成动作，让球充分反弹至胸部戴好帽子才用力按下去。

幼儿运球教学要与中小学、成人的传统运球区分开，传统运球方法要求用手指和指根以上的部位触球，掌心必须空出。然而，由于幼儿手掌面积小，手腕力量小，特别是手指的力量更弱，根本达不到传统运球的要求，所

---

① 陈楚彬."帽子式"运球——幼儿篮球教学方式新探［J］.教育导刊，2010（4）：39-41.

以，要创设更符合幼儿身心特点的"帽子式"运球教学方法，详情参考相关章节。

三、在篮球游戏中发展幼儿运球技能的指导策略

在粗略掌握运球技能的阶段，幼儿在学习"帽子式"运球方法的过程中，逐步形成运球动作概念。同时，教师要增设其他运球游戏，采取多种多样、内容丰富的组织形式，使幼儿的学习兴趣得到延续。如："运球砸地上怪兽图""运球的木头人游戏""运球玩老狼几点钟""运球走圆圈、绕障碍物""配节奏感较强的音乐玩抢占圆圈"等等，在篮球游戏中消除幼儿的动作紧张或多余动作，提高学习兴趣。

在改进和提高运球动作的阶段，幼儿运球动作控制能力有所增强，能较顺利、较稳定地完成动作，同时要改变幼儿运球时总是看着球、习惯用右手等情况，帮助幼儿把运球技能向自动自如运球阶段发展。如："运球揪尾巴"游戏有利于幼儿"无视球"能力的提高，幼儿在保护自己的球和尾巴的同时，要主动去揪对方的尾巴，谁先揪到对方的尾巴为胜，做到一心两用，使幼儿身体在游戏中得到锻炼，在快乐中学习和交往。

图3-6-1 互相揪尾巴

图3-6-2　互相帮助

在运球动作巩固和运用自动化阶段（自动化即在做动作时，不需要有意识地加以控制也能顺利、正确地完成）。在这一阶段，教师要将运球与爬、走、跑、跳、投、跨等基本动作和体育器械结合起来，使幼儿身体的各个部位、各个器官系统的机能、各种身体素质和基本活动能力都得到全面协调发展；促进幼儿智力的发展，促进幼儿的认知、情感、意志和个性等全面发展。如："运球助跑跨步跳""运球接力比赛"游戏活动中增加了运球跨步跳、走平衡木、走跷跷板等，发展幼儿的跳跃能力、平衡能力的同时，培养幼儿团结、合作的情感态度，勇敢、不怕挫折的意志品质。

图3-6-3　运球助跑跨步跳

综上所述，教师要深入观察研究幼儿运球动作技能形成的规律，理解幼儿动作技能形成是一个由浅到深的、循序渐进的过程，要以各种直观的、容易理解和掌握的支架式方法来实现，做到运动技能教学游戏化，在游戏中逐步提高动作技能，从而逐步提升篮球游戏的水平。教师教育教学思想观念要转变，要将认知、技能、情感的教学目标隐藏于篮球游戏活动中。幼儿园篮球活动不再单一地追求运动技能培养，而是要利用篮球游戏使幼儿身体各部分都得到全面的锻炼，促进幼儿身心全面发展。

第七节　幼儿篮球游戏的创设策略与指导方法

幼儿篮球游戏活动按组织形式可分为：篮球小游戏活动和篮球教学游戏活动。这两种都是全园性幼儿小篮球活动课程最实质、最直接的活动内容，是实现课程目标"教育、文化、技能三位一体"的主要途径，这是幼儿篮球游戏创设的依据，决定了幼儿篮球游戏必须在发展幼儿动作的同时渗透其他领域的内容。

一、篮球小游戏活动的特点

篮球小游戏活动是一种规则简单和容易组织的体育游戏，主要体现在它"小"而简便的特点上。该活动对幼儿发展目标针对性很强，很适合幼儿园普通教师的操作，内容趣味性很强，很受幼儿的喜爱。

如"击剑勇士"篮球小游戏活动中，两人一组，边运球边用泡沫棒戳中对手的篮球就获胜，这个游戏有助于改变幼儿用眼睛看球、培养用左手运球的习惯。人数两人、小场地、球两个、泡沫棒两根；规则简单，人数、场地器械需求低；发展动作针对性强，竞赛性强，幼儿学习兴趣浓厚，幼儿在快乐游戏中潜移默化地习得了动作经验。

二、篮球教学游戏活动的特点

篮球教学游戏是由教师主导的教学性活动，是根据幼儿篮球活动的三年发展计划而设定的活动，是有目的地规划好幼儿每个阶段的学习内容，是篮球基本动作技术的学习途径。篮球教学游戏是较复杂的体育游戏，将众多篮球小游戏中的走、跑、跳、投等各种动作技能串联起来，组织成一个有故事情节的主题游戏贯穿整个教学活动，实现教学活动知识与技能、过程与方法、情感态度的三维目标。如"打败光头强"的篮球教学游戏活动，以幼儿在篮球小游戏中掌握到的各种运球动作技能为基础，创设阻止光头强毁坏森林的三个不同难度游戏任务，逐步增强难度，来实现预期的教学目标。

三、幼儿篮球游戏创编设计的原则与策略

1. 以幼儿经验为原则与策略

维果茨基提出了"教学必须走在发展的前面，促进学生的发展，这样的教学才是好的教学"。因此，教师要根据幼儿的已有经验或现有动作技能水平，挖掘幼儿可发展的动作潜能，确定幼儿动作技能的最近发展区，同时为幼儿对动作概念的理解提供一种概念框架，即支架式教学。幼儿篮球游戏是在幼儿动作经验和认知经验基础上，根据幼儿身心特征，创编的简单直观的、生动有趣的篮球游戏。大部分篮球游戏是以幼儿运球动作技能为载体来实现的，幼儿的动作经验是玩游戏的前提，如果游戏的动作难度超出幼儿已有经验，就会打击到幼儿的信心；如果游戏的主题内容超出幼儿认知范围，幼儿可能不感兴趣，学习动力不强。如小班年龄段的球感练习"碰碰车"游戏，是在幼儿日常开玩具车的经验上创设的，这是一个地面上推滚球互相碰撞的游戏，可两个人或几个人一起玩，在幼儿的动作能力和认识范围内，幼儿非常感兴趣。如果换成"击地反弹球"，小班幼儿就很难理解，需要讲解很多，而且小班幼儿击地动作力量不够大、不协调，也不会接球，超出其经验，很难开展。

2. 以动作技能游戏化为原则与策略

幼儿教育活动是以游戏为基本活动的，体育游戏也是其中的一种规则游戏，我们在发展幼儿的动作教学中，必须以幼儿为中心，采取游戏形式来组织教学，即将动作技能教学游戏化。动作技能教学游戏化是在体育教学活动中将抽象、难懂的动作要领教学直观化、具体化、形象化，将其转化为易于幼儿理解的概念框架，引导幼儿掌握动作技能，努力使幼儿在游戏中学习基本的运动技能，做到知识与技能的教学目标对幼儿是隐蔽的，使幼儿没压力地习得技能。将体育教学中难学的专业动作等转化为幼儿容易理解又有趣的游戏，将发展幼儿动作的目标隐藏在游戏中，使幼儿轻松地、无压力地习得动作技能。如中班年龄段的"揪尾巴"游戏，幼儿刚学会运球动作，还保留初学时眼睛看球的习惯。为改变幼儿这个习惯，创设了边运球边揪抢游戏伙伴的尾巴的游戏，将幼儿主要的注意力转移到对手的"尾巴"上，帮助幼儿在游戏中获得动作经

验，这就是动作技能游戏化的策略，使幼儿的运球动作向自动化阶段发展，也就是在原有的经验基础上帮助提高幼儿的动作技能。

3. 以教育、文化相结合的原则与策略

全园性幼儿小篮球活动课程以"教育、文化、技能三位一体"为课程目标来促使幼儿全面发展，教育的首要功能是传承文化，幼儿园教育是传播文化的重要途径，幼儿的发展与本土文化关系密切，不可分割，而幼儿园的教育也是本土文化的传承与创新。因此，幼儿篮球游戏的创设要以此为基础、为原则、为指导，在篮球游戏中渗透五大领域的教育目标和内容，渗透中华传统优秀文化和本土传统文化，幼儿阶段了解和体验家乡丰厚的历史文化内涵是十分重要的，要为幼儿创设感受和体验本土文化的环境，从而培养幼儿对社会的归属感，加深幼儿对本土文化尊重和热爱的情感，为传承优秀的传统文化播下种子。做到领域之间的互相渗透，使幼儿整体性发展。如"舞龙""舞狮子"篮球小游戏就是融入了民间传统节日文化；如"我请你吃好吃的"篮球游戏就是融入了当地的饮食文化；如"你推我扶"大班篮球游戏就是融入了数学领域20以内的数数、大小对比。

4. 以形式多样、内容丰富为原则与策略

幼儿篮球游戏是以运球动作为活动载体，整合幼儿走、跑、跳、投等多样的基本动作形式；整合平衡木、跨栏、蹦床等多种体育器械与材料；整合民间游戏、传统文化、饮食文化等多种内容。创编篮球游戏要将多种内容、形式和方法相互补充、相互配合、灵活运用，综合发展幼儿的动作，有效地增强幼儿的力量、速度、耐力、协调、灵敏等身体素质。如"愤怒的小鸟"篮球教学游戏就是通过幼儿运球进行走、跑、跳、投等动作来实现促进幼儿身体素质综合发展。

幼儿篮球游戏的创设还要遵循安全卫生原则和从实际出发原则。下面我们通过常见的篮球游戏创编思路进行归类分析，以供大家参考，按照表中的方法和策略创设更多的篮球游戏，相应的活动案例可参考第四章内容。

表3-3　幼儿篮球游戏创编思路归类

初级动作	整合资源	形成组合	具体案例	串联策略
滚球	雪糕筒	滚球撞雪糕筒	打保龄球	这些游戏的动作主要是培养幼儿的球感，滚球走可以结合抱球走、抱球跳等动作创编游戏。如开车去旅游，滚球绕雪糕筒、过隧道、上立交桥等。
		滚球绕雪糕筒	运西瓜	
	拱形门	滚球穿拱形门	开车过隧道	
	平衡木	滚球走上平衡木	开车上立交桥	
	民间游戏	呼啦圈拉球滚	赶小猪	
	传统文化	童谣、儿歌	炒米团	
	饮食文化	轮流滚球给对方	请你吃美食	
	娱乐游戏	滚球相撞	开碰碰车	
		滚球穿胯下	穿山洞	
运球	走	运球+民间游戏	木头人、老狼几点钟	运球融合幼儿走、跑、跳、投等多种基本动作，融合传统文化、美食文化、民间游戏等，整合多种器械材料，互相补充、灵活组合来创编篮球游戏。如"打败光头强"篮球游戏通过运球整合器械进行走、跑、跳、投等动作来实现促进幼儿身体素质综合发展。
		运球+传统文化	舞龙、舞狮子	
		运球+饮食文化	请你吃东西	
		运球+平衡木	小企鹅过桥	
		运球+雪糕筒	小马运粮食	
		运球+娱乐游戏	二人三足、抢椅子	
	跑	运球侧身跑	老鹰捉小鸡	
		运球躲闪跑	警察抓小偷	
		运球往返跑	接力比赛	
		运球快跑急停	冻人游戏、抢圆圈	
		运球快跑传接球	运走地雷	
	跳	运球单、双脚跳	跳房子、跳圆圈	
		双脚跳过报纸	球宝宝跳报纸	
		运球跳上垫子	鳄鱼来了	
		运球助跑跨跳	愤怒的小鸟	
		运球助跑纵跳	打败光头强	
	投	运球胸前投球	开大炮	
		运球头上投球	海狮投篮	
		运球纵跳投篮	三步上篮	

初级动作	整合资源	形成组合	具体案例	串联策略
运球	器械材料	运球+弹力绳	拉力比赛	
		运球+泡沫棒	击剑勇士	
		运球+报纸	揪尾巴、穿好纸衣	
传接球	推滚	坐地上推球接球	球宝宝来了	传接一般都是组合在一起的，同样要与其他资源整合起来创编篮球游戏。
	按压	接住落地反弹球	看谁弹得高	
	抛接	抛球接球	保护好大西瓜	
	推拨	推接网袋吊球	大钟摆	
	运球	传接击地球	圆形的礼物送给你	
	移动	行进间传接球	偷蛋鼠来了	

第八节　全园性小篮球活动课程的篮球操

一、全园性小篮球活动课程篮球操的界定

全园性小篮球活动课程的幼儿篮球操是以轻器械篮球和篮球基本动作为媒介，结合队形队列、基本体操的特点，集"运动技能、运动教育、运动文化"为一体的配乐操节活动。幼儿篮球操是实现课程目标的一种重要活动形式，这里所提到的幼儿篮球操建立在本课程的理论基础上，立足于东莞篮球文化和传统文化的传承，创编幼儿篮球操必须遵循身体锻炼、社会性发展和文化传承相结合的原则。

二、篮球操的种类和特点

篮球操可分为篮球基本体操和花式篮球操。篮球基本体操一般是指幼儿园早操活动的篮球操节部分，以下称为篮球早操活动，是将简单的篮球的基本动作与舞蹈动作或律动动作有机地组合在一起。一般都伴有轻松活泼、旋律简单优美、节奏感较强的儿童音乐、传统音乐。其特点是欢快活泼，节奏鲜明，对幼儿动作的协调性、灵敏性的发展以及优美的身体姿势的培养等都具有较好的促进作用。组织形式是全园性集体操活动，篮球动作相对简单，游戏性强，分大、中、小班三个年级的水平进行编排和组织。花式篮球操是团体操的一种形式，运球动作难度相对较大，动作复杂花样多，音乐节奏明快，动作合拍和整齐度要求较高，表演性和欣赏性强。但两者共同的特点就是要以篮球为器械载体，在音乐和内容的选择上融入本土文化，反映当地人们的生活、环境、历史、风貌和智慧。

三、篮球操的意义

篮球操是幼儿园操节活动的一种组织形式，是幼儿体育活动的重要内容，对幼儿发展、本土文化的传承具有重要意义。尤其是每日进行的篮球早操活动能够振奋精神，使幼儿较快进入兴奋状态，并能为幼儿提供经常接触篮球的机会，对培养幼儿篮球的球感非常有帮助；能体验家乡丰厚的历史文化，激发幼儿爱家乡、爱祖国的情感；无论酷暑或寒冬，坚持不懈地进行早操活动，可以培养幼儿不怕困难、坚毅的意志品质；又能培养幼儿积极参加身体锻炼的良好态度与习惯，使幼儿的生活有规律，这将使幼儿终身受益。

四、篮球早操活动的组织

对以岭南文化为基础的篮球早操活动的案例进行分析，篮球早操活动的内容主要包括幼儿球感练习动作、运球动作与舞狮、舞龙、赛龙舟、广东民乐、集体舞、律动动作、队形队列、体育游戏等内容相结合。

（1）将篮球当狮头（或龙头）模仿舞狮（或舞龙）做一些简单的步法和队形变换，还有简化的扑、跳跃、转身等动作；将篮球当成舞狮、舞龙的戏球，结合运球动作做一些律动动作或跳活泼愉快又简单的舞蹈，还有队形的变换等，通常还要配有相应的舞狮、舞龙、赛龙舟锣鼓音乐。配上轻快、欢乐的鼓点，表现狮子高兴、快乐、眨眼、微笑、轻摆头、摇头摆脑或轻跳转身，配弓步、马步、独立步、小跳、秧歌步、小步跑等步法随鼓点节奏而开合。

（2）篮球基本体操可以选择岭南文化特色较强的"南狮"舞狮，小班级主要以狮子戏球进行球感动作练习、抱球慢跑、抱球模仿舞狮做操节动作和走队形，小班幼儿入园时间不长，还不习惯集体生活，不懂得排队，空间概念较差，不能清楚地记住自己排队的位置，通过教师的帮助和不断练习、实践，才逐渐学会做简单的排队动作；中班幼儿主要以模仿舞狮的步法做一些运球动作和球感练习的操节动作为主，中班幼儿在集体中已生活了一段时间，空间知觉也有了初步的发展，控制自己行为的能力有所增强，一般能按照要求进行排队并学会了基本的队列队形变换；到了大班，幼儿在集体生活中已经形成了较强的集体观念和意识，空间知觉有了较好的发展，大班幼儿的动作和队形变换可以更复杂，主要以双手交换运球、运球转身、运球摆腿、同伴交换运球、运球跳跃等动作为主，结合舞狮、舞龙、赛龙舟的步法、动作、表演情形等来编排，他们通常能掌握一些较复杂的队形变换，如左右转弯分队走、螺旋走、开花走等，难度相对较大。

（3）以岭南文化为基础的篮球早操活动要以幼儿的动作水平为基础，要以舞狮子戏球、舞双龙戏球、赛龙舟活动的游戏形式来编排，音乐选择一些节奏感强、带有鼓点的民间传统音乐，使幼儿能按照鼓点节奏来走步法、运球、做动作等。

五、花式篮球操活动的组织

以国内最早的花式篮球表演节目《快乐篮球》为案例进行讲解。幼儿舞蹈《快乐篮球》节目2013年获广东省第九届少儿艺术花会舞蹈金奖，是东莞市机关第二幼儿园全园性小篮球活动课程的研究成果之一，是篮球运动教育与舞蹈艺术教育的结晶，是在东莞深厚的篮球文化基础上发展起来的，是顺应社会历史文化的发展需求而诞生的。

（1）《快乐篮球》是幼儿舞蹈和花式篮球动作相结合的表演节目，以幼儿舞蹈为基础，以幼儿花式运球动作为亮点，反映幼儿在社会文化背景下，在篮球学习生活、逗乐游戏中的成长故事，以此为主线将运动与艺术串联起来。

（2）节目分为两部分，前半部分是描述幼儿在游戏和玩耍中学习的情形，以舞蹈动作和简单的单球运球动作为主，音乐是轻松活泼、旋律简单优美的儿童音乐；后半部分是以幼儿双球运球花式动作表演为主，主要动作有双球高低快速运球、双球左右摆运球、双球前后摆运球、运双球摆腿、运双球转身、运双球两人交换、运双球变换四个方向、运双球跳跃等动作，动作难度较大，音乐节奏感强又明快，动作与音乐合拍要求高，但其表演性和观赏性强，对篮球文化的宣传具有重要推动作用和对其他幼儿的激励和影响具有一定示范的意义。

（3）幼儿的篮球花式表演动作是在平时积累的基础上进行提高的，教师指导幼儿运球时要半蹲，注意膝关节要保持弯曲，有弹性、有节奏，这样才能跟上音乐的节奏；另外，运球时腕关节要比肘关节高，呈给球"戴帽子"的手形，保持篮球一直跟着手、粘住手走，幼儿才能灵活做动作，轻松与音乐合拍。

图3-8-1　花式篮球操

第四章

幼儿篮球游戏活动案例

　　全园性小篮球活动课程在实践中积累了丰富的幼儿篮球游戏活动案例，这些案例是比较有针对性的教育教学策略，每个活动案例都陈述了解决问题的意图、教学策略和延展意图，每个活动案例的内容和顺序都是按照幼儿动作技能形成的规律和身心发展规律来安排的，遵循幼儿篮球游戏创编设计的原则。本章主要是将一些理论论述分配到各个活动案例中去分析，实践指导意义比较大，为教师提供幼儿篮球游戏活动教学素材，提供理念与实践的指导和参考。幼儿篮球游戏种类也可以大致分为以下表格中的几种。

表4-1　幼儿篮球游戏的种类

球感练习	穿山洞、打鼓、搓汤圆、炒蛋、弹弹球、转陀螺、孵鸡蛋、戴帽子、拨拨乐、球拍按拍、跳圆圈、钻山洞、打高尔夫球。（以小班幼儿活动为主）
原地花样运球	1. 单手左右推拉球（大中） 2. 单手前后推拉球（大中） 3. 转身运球（大中小） 4. 双手左右轮换运球（大中） 5. 运球摆腿穿胯下（大中） 6. 两手运两球（大中） 7. 运两球左右推拉（大） 8. 运两球前后推拉（大） 9. 转身运两球（大） 10. 运两球交叉跳（大） 11. 高低运两球（大） 12. 运两球左右交换（大） 13. 运两球上下交换
移动运球	1. 运球走各种图形（大中小） 2. 运球绕杆（人）走（大中小） 3. 运球跑加急停（大中） 4. 运球侧滑步（大中） 5. 运球后退走（大中小） 6. 运球转身（大） 7. 运球接力赛
两人协作互动游戏	1. 两人背对背抢球（大中小） 2. 两人滚接球（大中小） 3. 两人弹地传接球（大） 4. 两人运一球交换（大中小）

续 表

球感 练习	穿山洞、打鼓、搓汤圆、炒蛋、弹弹球、转陀螺、孵鸡蛋、戴帽子、拨拨乐、球拍按拍、跳圆圈、钻山洞、打高尔夫球。（以小班幼儿活动为主）
两人协作 互动游戏	5. 两人轮流运两球（大） 6. 两人运两球背对背斗力（大） 7. 两人运两球交换（大） 8. 集体运一球同时交换
经典游戏 结合	1. 运球接力赛或钻山洞（大中小） 2. 捉人游戏（大中小） 3. 横向老鹰捉小鸡（大中） 4. 老狼几点钟（大中小） 5. 木头人（大中小） 6. 贴膏药（大中） 7. 听指挥变向运球（大中） 8. 二人三足（大） 9. 骑马运球 10. 运球揪尾巴 11. 狡猾的狐狸（大中）
器械类 运球	1. 板拍运球（大中小） 2. 运球跳圆圈（大中） 3. 运球绕障碍物（大中小） 4. 运球踩跷跷板（大中） 5. 运球跨过海绵积木（大） 6. 运球走平衡木（大） 7. 运球踩踏板起跳（大） 8. 两人拉绳运球（大） 9. 运球击剑 10. 运球绳子拉力赛 11. 运球丢手绢 12. 运球剪刀石头布 13. 运球抢占交叉点 14. 运球报纸类游戏
配乐 游戏类	小熊吃苹果、抢占圆圈、篮球操、抢椅子、你推我扶
备注	"大"是指大班幼儿；"中"是指中班幼儿；"小"是指小班幼儿；按年龄分是大致的划分方法，实施还是要根据幼儿的实际水平来判定。

第一节　小班幼儿篮球游戏活动案例

　　小班幼儿阶段主要是以培养幼儿的球感和兴趣为主，是打基础和认知阶段。由于受幼儿本身动作发展水平的限制，小班幼儿的运球动作很不协调，但对球类活动很感兴趣，对球的运动规律保持很强的好奇心，有对其探索、揭秘的欲望，这是小班幼儿学习篮球活动的表现特点。

　　因此，小班幼儿篮球游戏活动的创设要以幼儿动作发展水平为依据，遵循基础性原则，应主要以篮球地面动作为主，采取各种滚球、转球、拨球、拍打球等组织形式，在小班第二学期，幼儿可以初步学习"帽子式"运球，懂得如何区分"拍"与"按"；在动作学习和游戏中要渗透中华文化、本土文化、篮球文化等其他领域教育内容。小班阶段的幼儿动作学习方式主要是以模仿为主，教师采取的教学方法也要多以直观示范为主，让幼儿主动参与到游戏中，增强幼儿学习的积极性。整体实施策略要以经常性、游戏性、渐进性的活动为指导，为幼儿打下坚实的动作基础，逐步提升动作发展水平，逐步提高幼儿篮球游戏水平，使幼儿身心全面发展。

1. 打鼓

◎ **活动目标：**

（1）增强幼儿对篮球的运动规律的了解，感受篮球的硬度和反弹力量；

（2）培养幼儿参与篮球活动的兴趣；

（3）增强幼儿的手指、手腕的力量，以及灵敏性。

◎ **活动准备：**

（1）经验准备：了解打鼓情形，软鞭子抽打，掌握节奏。

（2）材料准备：每人一个篮球，平整干净的场地，有节奏的音乐。

◎ **游戏玩法：**

幼儿坐在地上，两腿分开，球放两腿中间当作鼓，两手五指自然分开，腕关节放松，像软鞭子一样用力抽打球，模仿打鼓的情形并根据节奏快慢来玩敲鼓游戏，发出"啪啪啪"的声音。

◎ **组织形式：**

（1）坐在原地模仿打鼓，先自由练习敲打，再以先慢后快的节奏练习打鼓，最后，听有节奏变化的、节奏感较强的打鼓音乐练习、模仿，这部分是动作练习的重点。

（2）两人一组面对面而坐，一人拍打几次后，把球推给对方，交换篮球循环玩。

（3）三人一组或集体围成圆圈而坐，每人拍打三次后，抱球交给右边的好朋友。这个组织方法有点难度，应视幼儿掌握程度而定。

◎ **观察支持：**

（1）观察幼儿腕关节是否放松，如果没有放松，教师可以做示范和握住幼儿的手来抽打球；

（2）观察幼儿的情绪，如果幼儿的注意力分散或表情是消极的，教师要换另一个玩法；

（3）观察幼儿的接受能力，逐步增加难度，视幼儿的协作能力而定。

◎ **延展意图：**

增加幼儿对篮球的兴趣，让其多接触篮球，了解篮球的性质，增强对篮球的亲近感，为后续的篮球运球教学打下厚实的基础；

图4-1-1　打鼓

让幼儿体验抽打、拍打、敲打篮球时手部的情形、用力的情形，为今后理解"拍打"动作与"按拨"动作的区别建立已有经验。

2. 手捶牛肉丸

◎ **活动目标：**

（1）感受球的性质和运动规律。

（2）体验生活情形，培养幼儿参与篮球活动的兴趣。

（3）增强幼儿手部的力量，以及动作的协调灵敏性。

◎ **活动准备：**

（1）经验准备：了解捶打牛肉的情形、音乐节奏的快慢。

（2）材料准备：每人一个篮球，平整干净的场地，有节奏的音乐。

◎ **游戏玩法：**

幼儿坐在地上，两腿分开，球放两腿中间当作牛肉，两手握拳，腕关节收紧，像用铁锤一样用力捶打球。幼儿模仿手捶牛肉的情形并根据节奏快慢来玩捶牛肉丸游戏，发出"咚咚咚"的声音。

图4-1-2　手捶牛肉丸

◎ **组织形式：**

（1）坐在原地用手当作刀来模仿切牛肉。先让幼儿自由地玩切牛肉，再练习两手按先慢后快的节奏来剁牛肉。最后，听有快慢节奏的、节奏感较强的音乐模仿练习（第二次玩时换成手变成铁锤来捶打牛肉）。这个环节是动作练习的重点。

（2）两人一组面对面而坐，一人捶打几次后，把球推给对方，同时说"我请你吃牛肉丸"，交换篮球循环玩。

（3）三人一组或集体围成圆圈而坐，每人捶打三次后，抱球交给右边的好朋友。这个组织方法有点难度，应视幼儿掌握程度而定。

◎ **观察支持**

（1）观察幼儿腕关节是否放松，如果放松，教师可以做示范和握住幼儿的手帮助其理解腕关节收紧的情形；

（2）观察幼儿的情绪，如果幼儿的注意力分散或表情是消极的，教师要换另一个玩法；

（3）观察幼儿的接受能力，逐步增加难度，视幼儿的协作能力而定。

◎ **延展意图：**

（1）为了增加幼儿对篮球的兴趣，使其多接触篮球，了解篮球的性质，增强对篮球的亲近感，为后续的篮球运球教学打下厚实的基础；

（2）让幼儿体验捶打、剁篮球时腕关节收紧和用力的情形，为今后理解"拍打"动作与"按拨"动作的区别建立已有经验。

3. 搓汤圆

◎ **活动目标：**

（1）增强幼儿对篮球的运动规律的了解，感受篮球形状和滚动的性质；

（2）体验生活情形，培养幼儿参与篮球活动的兴趣；

（3）增强幼儿的手紧贴球面的感受，以及手部动作的协调灵敏性。

◎ **活动准备：**

（1）经验准备：了解搓汤圆、揉面粉团的情形，以及音乐节奏的快慢。

（2）材料准备：每人一个篮球，平整干净的场地，有节奏的音乐。

◎ **游戏玩法：**

幼儿坐在地上，两腿分开，球放两腿中间当成面粉团，单手或两手五指分开紧贴球面，像搓汤圆一样用力转圆圈地搓球，节奏由慢到快，边搓边说："搓啊搓，搓个大大的汤圆。"

图4-1-3 搓个大大的汤圆

◎ 组织形式：

（1）幼儿坐在地上，两腿分开，球放在地面，两手紧贴球面模仿揉面粉团的动作前后推揉，教师先带动幼儿一起玩，再让幼儿自由地玩，再练习两手按先慢后快的节奏来揉面粉团。最后，听有快慢节奏的、节奏感较强的音乐来练习、模仿（第二次玩时换成手搓汤圆）。这个环节是动作练习的重点。

（2）两人一组面对面而坐，每人搓球几次后，把球推给对方，同时说"我搓个汤圆请你吃"，交换篮球循环玩。

（3）让幼儿两手抱球来回搓球，可以转圈搓、翻转搓，这个组织方法有点难度，应视幼儿掌握程度而定。

◎ 观察支持：

（1）观察幼儿是否五指分开紧贴球面，教师可以做示范和握住幼儿的手帮助其理解手掌紧贴球面的情形；

（2）观察幼儿的情绪，如果幼儿的注意力分散或表情是消极的，教师要换另一个玩法或使用幼儿最喜欢的快节奏动作来玩；

（3）观察幼儿的接受能力，逐步增加难度，视幼儿的协作能力而定。

◎ 延展意图：

（1）增加幼儿对篮球的兴趣，让其多接触篮球，了解篮球的性质，增强对篮球的亲近感，为后续的篮球运球教学打下厚实的基础；

（2）让幼儿的手紧贴球面，为今后理解"戴帽子"动作建立已有经验。

4. 炒黄豆

◎ **活动目标：**

（1）增强幼儿对篮球的运动规律的了解，感受篮球形状和滚动的特点；

（2）体验生活情形，培养幼儿参与篮球活动的兴趣；

（3）增强幼儿的手指用力拨球的感受，以及手部动作的协调灵敏性。

◎ **经验准备：**

（1）经验准备：了解炒菜、炒栗子、煎饼的情形，以及音乐节奏的快慢。

（2）材料准备：每人一个篮球，平整干净的场地，有节奏的音乐。

◎ **游戏玩法：**

幼儿坐在地上，两腿分开，球放两腿中间当作大黄豆，两手五指分开紧贴球面两侧，右手五指向左拨球给左手，左手五指向右拨球给右手，左右摆动互拨球，像炒黄豆一样左右翻炒，节奏由慢到快，边炒边说："炒、炒、炒，炒黄豆，炒完黄豆翻跟头。"念到"翻跟头"时两手抱起球向身体方向旋转翻炒，球可落地或在空中接住，应视幼儿掌握程度而定。

图4-1-4 左右炒黄豆

◎ **组织形式：**

（1）教师先带动幼儿一起玩，再让幼儿自由地玩，再练习两手按先慢后快的节奏来炒黄豆。最后，听有快慢节奏的、节奏感较强的音乐来练习、模仿。

（2）两人一组面对面而坐，幼儿边拨球边念儿歌："炒、炒、炒，炒黄豆，炒个黄豆请你吃。"念到"请你吃"时把球推给对方，交换篮球循环玩。

（3）让所有幼儿围成圆圈来"炒黄豆"，边拨球边念儿歌："炒、炒、

炒，炒黄豆，炒个黄豆请你吃。"当念到"请你吃"时把球推到圆圈中间，再去捡球回来玩下一次。

◎ **观察支持：**

（1）观察幼儿是否五指分开紧贴球面，教师可以做示范和握住幼儿的手帮助其理解手指拨球的方法；

（2）观察幼儿的情绪，如果幼儿的注意力分散或表情是消极的，教师要换另一个玩法或使用幼儿最喜欢的快节奏动作来玩；

（3）观察幼儿的空中接球能力，抛球旋转翻炒由低到高，逐步增加难度，球可落地或在空中接住，视幼儿的协作能力而定。

◎ **延展意图：**

（1）增加幼儿对篮球的兴趣，让其多接触篮球，了解篮球的性质，增强对篮球的亲近感，为后续的篮球运球教学打下厚实的基础；

（2）让幼儿理解手紧贴球面"按拨"球的动作，为今后"戴帽子"运球教学建立已有经验。

5. 打保龄球

◎ **活动目标：**

（1）增强幼儿对篮球的运动规律的了解，感受球反弹力量的特点；

（2）体验生活情形，培养幼儿参与篮球活动的兴趣；

（3）增强幼儿的手指、手腕用力拨球的感受，以及手部动作的协调灵敏性。

◎ **活动准备：**

（1）经验准备：了解打保龄球的情形、基本规则；玩过"炒黄豆"游戏，掌握手指用力拨球动作。

（2）材料准备：每人一个篮球，每人一个矿泉水瓶。

◎ **游戏玩法：**

幼儿两脚左右开立站（也可以两脚前后站），球放两脚中间当作保龄球，单手或两手五指分开紧贴球面后侧，五指用力拨球向前滚动撞击球瓶（可用矿泉瓶装水代替），击倒球瓶的数量多者为胜。滚球的距离从3米开始，逐步增加至5米（应视幼儿掌握程度而定）。

图4-1-5　坐着打保龄球

图4-1-6　站着打保龄球

◎ **组织形式：**

（1）教师先带动幼儿一起玩拨球滚动，可以对着墙拨球反弹接住，也可以拨球滚过山洞，即两脚开立，呈拱门形状当山洞，弯腰单手按拨球穿过胯下向后滚；再让幼儿自由地玩。

（2）每人一个球瓶摆成一横排，先集体由近到远练习打保龄球，看谁能击倒球瓶，然后摆好球瓶继续玩，次数视幼儿的兴趣而定。

（3）6人一组，三人负责打保龄球，三人负责摆好球瓶，轮流玩。每组用6个球瓶排成两排，看谁击倒的数量多。

◎ **观察支持：**

（1）观察幼儿是否五指分开紧贴球面，教师可以做示范或握住幼儿的手帮助其理解手指拨球的方法；

（2）观察幼儿的情绪，如果幼儿的注意力分散或表情是消极的，教师要换另一个玩法或使用幼儿最喜欢的快节奏动作来玩；

（3）观察幼儿的拨球能力，逐步增加距离难度（视幼儿的能力而定）。

◎ 延展意图：

（1）增加幼儿对篮球的兴趣，让其多接触篮球，了解篮球的性质，增强其对篮球的亲近感，为后续的篮球运球教学打下厚实的基础；

（2）让幼儿进一步理解手紧贴球面"按拨"球的动作，以及增强幼儿手腕拨球的力量，为今后"戴帽子"运球教学建立已有经验。

6. 碰碰车

◎ 活动目标：

（1）增强幼儿对篮球的运动规律的了解，感受球反弹力量的特点；

（2）体验游乐园游戏的情形，培养幼儿参与篮球活动的兴趣；

（3）增强幼儿的手指、手腕用力拨球、推球的感受，以及手部动作的协调性、灵敏性。

◎ 活动准备：

（1）了解碰碰车的情形，可用多媒体呈现。

（2）材料准备：每人一个篮球。

◎ 游戏玩法：

幼儿面对面，两脚左右分开而坐，球放在两脚中间的地面当作碰碰车，屈手臂，两手五指分开、手腕弯曲紧贴球面后侧，五指用力推拨球去撞击对方的来球，看看两球能否滚动相碰撞。用力的同时身体前倾，球出手后，两手臂前伸，掌心向外，手背相对。幼儿之间的距离从2米开始，逐步增加至5米（应视幼儿掌握程度而定）。

◎ 组织形式：

（1）教师先带动幼儿一起玩推拨球滚动的练习，可以先坐在地上对着墙拨球反弹接住；再两脚分开站，往地面推拨球，使球反弹，再鼓励幼儿两手去接住球；最后，让幼儿自由地玩，体验球的反弹力量。

（2）两人一组面对面玩碰碰车游戏，由近到远开始练习，看看两球能否滚动相碰撞，练习次数视幼儿的兴趣而定。

（3）分组练习，分组的人数可以逐步增加到全班一起玩。先由3人一组围成圆圈开始练习，大家喊"一、二、三"后推球出去，等球碰撞后再出去捡球重新玩。最后组织全体幼儿围成大圆圈一起玩，练习人数和次数视幼儿的兴趣而定。

◎ 观察支持：

（1）观察幼儿是否五指分开紧贴球面，是否有屈手臂、屈手腕的情况，教师可以做示范或握住幼儿的手帮助其理解手腕、手指推拨球的方法；

（2）观察幼儿的情绪，如果幼儿的注意力分散或表情是消极的，教师要换另一个玩法；最后，观察幼儿的推拨球能力，逐步增加距离难度（视幼儿的能力而定）。

◎ 延展意图：

（1）增加幼儿对篮球的兴趣，让其多接触篮球，了解篮球的性质，增强其对篮球的亲近感，为后续的篮球运球教学打下厚实的基础；

（2）让幼儿进一步理解手紧贴球面"推拨"球的动作，以及增强幼儿手腕拨球的力量，为今后"戴帽子"运球教学、投掷篮球、传接篮球建立已有经验。

图4-1-7　四人一组

图4-1-8　集体齐玩

7. 转陀螺

◎ **活动目标：**

（1）增强幼儿对篮球的运动规律的了解，感受和认识球软硬度和旋转的特点；

（2）体验游戏的快乐，培养幼儿参与篮球活动的兴趣；

（3）增强幼儿的手指、手腕的旋转的力量，以及手部动作的协调性、灵敏性。

◎ **活动准备：**

（1）了解转陀螺的情形，可用多媒体呈现。

（2）材料准备：每人一个篮球。

◎ **游戏玩法：**

幼儿两脚开立弯腰，右手五指分开贴着球面，掌心空出，手腕内旋，手腕手掌向外扭动旋转，使篮球在地面上转动起来。

◎ **组织形式：**

（1）教师先示范热身过渡游戏，带动幼儿一起玩孵鸡蛋。将篮球当作大大的鸡蛋，幼儿臀部坐在鸡蛋上面，扭一扭臀部，转一转身体；也可以用腹部压住篮球，手脚撑地做旋转动作。最后，让幼儿自由地玩，充分感受篮球圆滑、滚动的特性。

（2）首先，在圆圈里玩转陀螺游戏，教师先用左右手各做示范，幼儿再体验转陀螺的方法，左右手轮换玩，教师在旁边指导。其次，让幼儿自由探索转陀螺更多的玩法，提示语为"让陀螺边旋转边滚动""用两手搓它转动"等。重点是幼儿的手指、手腕的旋转动作。

（3）两人或三人一组玩陀螺大战，先比一比谁的陀螺转得久，再将陀螺转起来与对方的陀螺互相撞击，看看谁的陀螺被撞停了。

◎ **观察支持：**

（1）观察幼儿是否五指分开紧贴球面，掌心是否空出，教师可以做示范或握住幼儿的手帮助其理解手腕、手指旋转球的方法；

（2）观察幼儿的情绪，如果幼儿的注意力分散或表情是消极的，教师要换另一个玩法；

（3）观察幼儿旋转球的能力，鼓励幼儿挑战有难度的旋转，视幼儿的能力而定，如"使篮球边旋转边滚动""两手同时旋转两球"等。

◎ **延展意图：**

（1）增加幼儿对篮球的兴趣，让其多接触篮球，了解篮球的性质，增强对篮球的亲近感，为后续的篮球运球教学打下厚实的基础；

（2）让幼儿进一步理解手拨动、转动球的动作，以及增强幼儿手指拨球的力量，为今后"戴帽子"运球教学、投掷篮球、传接篮球建立已有经验。

图4-1-9　转陀螺

8. 蚂蚁搬豆豆

◎ **活动目标：**

（1）增强幼儿对篮球运动规律的了解，感受篮球形状和滚动的特点；

（2）体验小动物爬行搬东西的情形，培养幼儿参与篮球活动的兴趣；

（3）增强幼儿的手指用力拨球的感受、手臂投掷球的力量，以及手部动作、爬行动作的协调性和灵敏性。

◎ **活动准备：**

（1）已经学会"炒黄豆"游戏的玩法。

（2）材料准备：每人一个篮球，篮筐8~10个。

◎ **游戏玩法：**

幼儿在软质地面或垫子上模仿蚂蚁用手和膝爬行，将篮球当作大黄豆放在腹部下面，边向前爬边用大腿推着"大黄豆"滚动，进行蚂蚁搬豆豆游戏；

幼儿站立，模仿蚂蚁两手抱球举在头上，用力向前将球投进篮筐里。

◎ **组织形式：**

（1）游戏引入：小蚂蚁找到一堆黄豆，准备把黄豆炒熟了再搬运回家储存起来。教师先带动幼儿一起玩蚂蚁炒黄豆，再让幼儿自由地玩。

（2）让幼儿模仿蚂蚁手膝爬行搬运豆豆。先让幼儿自由练习，探索动作的协调方法；再让幼儿将球投进篮筐，投掷距离控制在1米左右。重点在于幼儿练习用手膝爬行。

（3）"小蚂蚁"用手膝爬行搬运豆豆，再用手推着豆豆在平衡木上滚，推着豆豆穿山洞，最后将豆豆投进篮筐。

◎ **观察支持：**

（1）观察幼儿大腿能否推着大豆滚动，教师可以做示范和帮助幼儿；

（2）观察幼儿的情绪，如果幼儿的注意力分散或表情是消极的，教师要换另一个玩法，逐步增加挑战性；

（3）如果幼儿走平衡木的能力较好，可以换成顶着球走平衡木（视幼儿的协作能力而定）。

◎ **延展意图：**

（1）增加幼儿对篮球的兴趣，使其多接触篮球，了解篮球的性质，增强其对篮球的亲近感，为后续的篮球运球教学打下厚实的基础；

（2）让幼儿理解投球的动作，为今后投篮动作、传球动作的教学建立已有经验。

9. 我和球儿赛跑

◎ **活动目标：**

（1）增强幼儿手部拨球动作的力量、协调性；

（2）篮球与跑步结合，提高幼儿身体的灵敏性；

（3）培养幼儿的规则意识和自控能力。

◎ **活动准备：**

（1）每人一个篮球，宽广的操场或跑道。

（2）直线跑步。

◎ **游戏玩法：**

幼儿左右脚前后半蹲，球放右边体侧，右手五指分开紧贴球面后侧，五指用力向前拨球滚动，同时，幼儿起跑与篮球赛跑，看谁能跑到篮球前面拦住它，谁就赢了。

图4-1-10　我和球儿来赛跑

◎ **组织形式：**

（1）幼儿站在一条横线上排成一横排，听老师的口令，手拨球向前滚动。

（2）幼儿将球放在跑道上，手拨球向前滚动，教师提醒幼儿有意识地、尽量地将球控制在跑道内。

（3）两人一组，相距三米左右，一人两脚分开站在对面当山洞，另一人拨滚球穿山洞。每人一次轮流玩。

◎ **观察支持：**

（1）观察幼儿手部是否放在球面后侧，教师可以做示范和帮助幼儿；用手按幼儿的手，让他感受用力的方式和用力的部位；

（2）观察幼儿的情绪，如果幼儿的注意力分散或表情是消极的，教师要换另一个玩法，逐步增加挑战性，如滚球穿山洞的距离可以逐步增加到5米；

（3）注意观察和提醒幼儿跑动的时候要避开旁边的小朋友，要具体示范如何避免碰撞。

◎ **延展意图：**

（1）增加幼儿对篮球的兴趣，使其多接触篮球，了解篮球的性质，增强其对篮球的亲近感，为后续的篮球运球教学打下厚实的基础；

（2）让幼儿进一步理解手紧贴球面"推拨"球的动作，以及增强幼儿手腕拨球的力量，为今后"戴帽子"运球教学、投掷篮球、传接篮球建立已有经验。

10. 舞狮舞龙

◎ **活动目标：**

（1）增强幼儿对篮球的运动规律的了解，感受篮球形状和滚动的特点；

（2）体验传统文化，了解家乡习俗，培养幼儿参与篮球活动的兴趣；

（3）增强幼儿的手指用力拨球的感受，以及手部动作的协调性和灵敏性。

◎ **活动准备：**

（1）每人一个篮球，舞狮音乐、移动音响，平衡木两条，雪糕筒12个，拱形山洞2个。

（2）观看过舞狮舞龙的表演。

◎ **游戏玩法：**

舞狮是用篮球当狮子头，按照舞狮的基本步法来模仿练习。幼儿双手抱着篮球在胸前或头上进行舞动，左右摆动，前后摆动，时高时低，有时在地上绕着脚滚圈子，有时在空中绕圈子。舞龙的基本动作与舞狮是相同的，但是幼儿要排成一条长龙来完成相应的动作，要走在篮球场固定的线上，走S形穿过12个雪糕筒，穿过山洞，走过独木桥。

◎ **组织形式：**

（1）由教师示范舞狮的各种动作，带动幼儿一起模仿练习，然后再听音乐来舞狮。

（2）两人一组，玩狮子顶牛。幼儿面对面，球对球，你顶我，我顶你，看谁力气大。按难度可分为坐在地上玩、半蹲在地上玩、前后脚站着玩。

（3）教师带领幼儿模仿舞龙。先指挥幼儿熟悉一下舞龙要走的路线，再听音乐来舞龙。

◎ **观察支持：**

幼儿的舞狮步法不需要很精确，主要目标在于让幼儿熟悉球性，只要让幼儿抱着球做各种摆动动作就达到目的了。教师要注意选择动作简单的、幅度小的、节奏快的游戏让幼儿重复练习。站着玩狮子顶牛时，要提醒幼儿用力不要太猛，防止扑空摔跤，教师可以先做预演。幼儿顶着球走平衡木时，教师要做好保护。

图4-1-11　狮子顶牛

◎ 延展意图：

（1）增加幼儿对篮球的兴趣，使其多接触篮球，了解篮球的性质，增强其对篮球的亲近感，为后续的篮球运球教学打下厚实的基础；

（2）让幼儿进一步理解手紧贴球面按拨球的动作，以及增强幼儿手腕拨球的灵活性，为以后"戴帽子"运球教学积累经验。

（3）增强幼儿对家乡传统文化的了解，培养幼儿热爱本土特色文化的情感，体验舞狮舞龙给节日带来的喜庆气氛。

图4-1-12　舞狮

11. 保护雪球

◎ **活动目标：**

（1）增强幼儿手部拨球动作的力量、协调性；

（2）篮球与跑步结合，提高幼儿身体的灵敏性；

（3）培养幼儿的规则意识和合作意识。

◎ **活动准备：**

（1）每人一个篮球，装篮球的架子两个。

（2）抱球、开立弯腰动作。

◎ **游戏玩法：**

老师扮演小熊，将篮球当成雪球，小朋友们要搬运雪球去建雪屋。小熊会一掌将雪球打烂，小朋友们要保护雪球。幼儿两脚开立站，排成纵队，幼儿之间相隔一只手臂长，排头的幼儿负责把篮球架子上的球取下，抱球弯腰，将球从胯下传送给后面的小朋友，一个传一个，直到最后一个幼儿将篮球装在另一个篮球架子上。

◎ **组织形式：**

（1）先玩一个雪球：所有的小朋友都要保护这个雪球，小朋友分开，固定站在一个圆圈里，当小熊来到雪球前面时，小朋友赶紧跑开，将雪球传给另一个小朋友。

（2）搬运雪球：小朋友们站成一横排，排头的幼儿负责把篮球架子上的球取下，将球从体侧传送给旁边的小朋友，一个传一个，直到最后一个幼儿将篮球装在另一个篮球架子上。当小熊来到雪球前面时，小朋友要赶紧将雪球传给下一个小朋友。

（3）雪球穿山洞：小熊会随时来捣乱，小朋友们要更好地保护雪球，将雪球从山洞里运出。幼儿两脚开立站，排成一列纵队，幼儿之间相隔一只手臂长，排头的幼儿负责把篮球架子上的球取下，抱球弯腰，将球从胯下传送给后面的小朋友，一个传一个，直到最后一个幼儿将篮球装在另一个篮球架子上。

◎ **观察支持：**

老师扮演小熊，要适当控制游戏的节奏，照顾个别能力较弱的幼儿，让幼儿既处于紧张状态，又能获得成功的喜悦。对于能力较强的幼儿，教师可以适当地让他有点挫败感，故意拍打他的雪球，让他有意识地保护雪球，快速跑去捡回来。

◎ **延展意图：**

增加幼儿对篮球的兴趣，使其多接触篮球，了解篮球的性质，增强对篮球的亲近感，为后续的篮球运球教学打下厚实的基础。

图4-1-13　雪球穿山洞

图4-1-14　搬雪球

12. 百变篮球宝宝

◎ **活动目标：**

（1）增强幼儿对篮球的运动规律的了解，感受篮球反弹力量的性质；以各种各样的游戏性活动为主，培养幼儿热爱篮球活动的兴趣。

（2）锻炼幼儿的手指、手腕的力量、协调性和灵活性。

◎ **活动准备：**

（1）综合复习各种篮球小游戏。

（2）材料准备：每人一个篮球，每人一个矿泉水瓶。

◎ **游戏玩法：**

（1）滚球类练习活动

①"我和球儿赛跑"：把球放在起跑线上，单手或双手拨球向前滚，与球儿赛跑。

②"碰碰车"：两人为一组在地上相对而坐，两手向前各推一球与对方的球相碰撞。

③"打保龄球"：用废矿泉水瓶作为球瓶排成一横排，幼儿用篮球来滚撞球瓶。

（2）拨球类练习活动

"炒蛋"：坐在地上两腿分开，左右手互相拨球，手腕放松，手指用力拨。或翻手腕左右方向推拨球，手与球始终不分开。

（3）搓球类练习活动

①"搓汤圆"：双手或单手前后、左右、呈圆形搓球，手始终不离开球。

②"孵鸡蛋"：幼儿蹲坐在球上，前后、左右、转圈扭动臀部。

③"大胖子转球"：幼儿把球压在肚子下面当成胖子的大肚子来转圈。

（4）其他练习活动

①"转陀螺"：五指分开按住球在地上，手腕、手指用力旋转球。

②"打鼓"：五指分开，手腕用力抽打球，就像在敲鼓，快慢节奏相交替。

③"弹弹球"：两人一组面对面，将球投到地上，让球反弹给对方，可以坐着或站着投。

④"切西瓜"：幼儿坐在地面上，两手变成手刀，在球上来回切，或者快速剁。

◎ **组织形式：**

（1）首先，组织幼儿玩"我和球儿赛跑"游戏，当作热身准备活动。

（2）其次，组织幼儿原地单独玩"搓汤圆""转陀螺""打鼓""孵鸡蛋""切西瓜"等地面游戏。

（3）再次，组织幼儿两人一组玩"炒蛋""碰碰车""弹弹球"。

（4）最后，组织幼儿玩"打保龄球"游戏。

◎ **观察支持：**

这个综合性游戏关键在于教师的组织能力和形式，通过将已学过的游戏串联起来，丰富游戏内容，调动幼儿的积极性。这种组织形式今后在篮球游戏中会常用，使活动内容丰富、组织形式多样，帮助幼儿复习巩固和发展动作。

◎ **延展意图：**

篮球球性游戏开始由地面练习向地面上空练习过渡，根据幼儿的动作水平，逐步增加难度，结合其他器械来组织游戏，提高幼儿对篮球的运动规律和性质的了解。

图4-1-15 孵鸡蛋

13. 看谁弹得高，弹得准

◎ **活动目标：**

（1）增强幼儿对篮球的空中反弹规律的了解，感受球反弹高度、力度的特点；体验游乐园游戏的情形，培养幼儿参与篮球活动的兴趣；

（2）增强幼儿的手指、手腕用力拨球、接球的感受，以及手部控制球的方向的能力。

◎ **活动准备：**

（1）两手五指分开，抱球两侧。

（2）材料准备：每人一个篮球，每人一个圆圈。

◎ **游戏玩法：**

幼儿两手五指分开，抱球两侧置于胸前，然后两手自然松开，使球自然落地反弹，看谁的球弹得高；鼓励幼儿在球反弹时两手接住球，重复练习与观察。

抱球置于头部的前上方，然后两手自然松开，使球自然落地反弹，重复练习这两种方法，对比哪种方法的球弹得高。

对准圆圈两手掌用力向下按拨球，看谁的球能打中圆圈，注意力度不能太大，鼓励幼儿在球反弹时两手接住球。

◎ **组织形式：**

首先，两人为一组，比一比谁的球弹得高，允许幼儿用自己的方法。其次，自由练习对准圆圈向下按拨球，看谁的球能打中圆圈。再次，将圆圈排成一排连接起来，让幼儿双手握球对着圆圈边打边向前跳，人在圆圈外跳。

◎ **观察支持：**

注意观察幼儿的用力情况，如果幼儿不懂得向下用力按拨球，教师可握住幼儿的手练习，并告诉他具体用力的是哪个部位。如果幼儿用力太大了，变成是向下砸球的，教师也要注意帮助纠正过来，因为用力太大会导致球反弹的力度和速度太大而撞到自己的脸部，容易造成严重损伤。如果有的幼儿不会边跳边打圆圈，可以让幼儿边走边打。

◎ **延展意图：**

增强幼儿对篮球的空中反弹规律的了解，感受球反弹高度、力度的特点；增强幼儿的手指、手腕用力拨球、接球的感受，以及手部控制球的方向的能力。为下一步运球、传接球教学打下基础，提高幼儿手部动作的灵活性、协调性，由双手运球逐渐过渡到单手运球。

14. 小猴子运西瓜

◎ **活动目标：**

（1）熟悉篮球球性和学习手指推拨球动作。

（2）边玩边思考如何运西瓜过关卡，自我调节动作的最佳方法。

（3）培养幼儿不怕困难、勇敢的精神，感受"玩中学"的快乐。

◎ **活动准备：**

（1）小猴子头饰人手一个、平衡木两张、拱形山洞两个、体操垫六张、篮球人手一个、篮球车架一部。

（2）幼儿已经学过走平衡木，从平衡木跳下落地。

◎ **游戏玩法：**

农民伯伯的西瓜成熟了，他一个人搬不了那么多的西瓜，请了一群小猴子来帮忙。小猴子们来到农民伯伯的西瓜园，先帮忙摘西瓜、洗西瓜，再搬运西瓜到对面的运输车上。但搬运时必须经过一条有山洞、有独木桥、有斜坡的路才能到达运输车。搬好西瓜后，小猴子和农民伯伯一起推着车去卖西瓜。

◎ **组织形式：**

（1）带小猴子们在西瓜园里游玩，模仿猴子走路（热身游戏），穿过西瓜园两到三遍。

（2）让小猴子们挑西瓜，一人找一个西瓜坐上，开心地做各种转动动作（扭转臀部、抱球转动），然后再坐在地上搓西瓜（扫除泥土）、拍西瓜（看看成熟没有）、旋转西瓜、左右拨动西瓜（拨出西瓜）。

（3）推运西瓜，幼儿手持木板推动西瓜，沿途要穿过两个山洞（拱形山洞）、爬过山坡（体操垫）、走过独木桥（平衡木）。重复玩几次后，把西瓜搬上运输车（篮球放置架）。每次装满运输车后，老师带幼儿一起去卖西瓜，边推车边吆喝"西瓜又红又甜，5块钱一斤，快来买啊！"将幼儿的游戏热情再次激发。

◎ **观察支持：**

观察幼儿滚球的方法，有的幼儿边爬边滚球时动作不协调，先让幼儿自己尝试，再慢慢指导他的动作。如果个别幼儿滚得慢，要提醒后面的幼儿学会等待。幼儿在走平衡木时，注意保护和帮助，抱着球走在平衡木上难度会更大一点。在游戏之前，教师要示范在平衡木上跳下后的落地缓冲动作，语言表述是"跳下来时膝盖要弯曲"。

◎ **延展意图：**

以情境游戏小猴子帮农民伯伯运西瓜、卖西瓜的事件为游戏的主线，有意地让幼儿在游戏中熟悉篮球球性和学习手指推拨球动作等新内容，同时也设置了一些关卡在运西瓜的路上，综合锻炼幼儿的身体素质，培养幼儿不怕困难的精神，使其学会遇事要想办法解决，勇敢面对。这个游戏能够综合发展幼儿身心素质，促进幼儿的球感、爬行动作、平衡协调能力的发展，同时培养幼儿对体育活动的兴趣，为今后的篮球活动的综合性开展奠定基础。

图4-1-16　小猴子运西瓜

15. 抱球斗鸡游戏

◎ **活动目标:**

（1）锻炼幼儿腿部肌肉，增强弹跳力和平衡能力；

（2）培养幼儿顽强拼搏的精神，增强幼儿之间的快乐交往；

（3）增强幼儿对篮球反弹性质的了解，感受球反弹的力度。

◎ **活动准备:**

（1）每人一个篮球。

（2）单脚立、单脚跳动作经验。

◎ **游戏玩法:**

幼儿两手抱住篮球的后两侧于胸前，呈单脚站立姿势，两个幼儿为一组，面对面向对方连续单腿跳进攻，当两人靠近时，用篮球瞄准对方的篮球进行顶撞，谁的另一条腿先触地，谁就输。游戏前要提醒幼儿不能用砸的动作；篮球要对准对方的篮球，不能偏离；弹跳腿累了，可以换另一条腿跳。

◎ **组织形式:**

（1）让幼儿尝试一条腿走路，幼儿立刻就会想到抬一条腿用单脚跳，这时教师带领幼儿原地练习几次，再站成一横排向前跳5米远左右，来回四次，每次交换腿跳。

（2）让幼儿边单腿跳边踢篮球，先由教师带领幼儿自由练习，再站成一横排向前跳并踢篮球滚动，来回四次，每次交换腿跳。

（3）抱球玩斗鸡游戏，先两人为一组玩游戏，按照游戏的玩法自由组合玩三次后，再换另一条腿练习。

（4）最后，可以在地上画一个大圆圈当作擂台进行抢擂和守擂比赛，也可以分成两大队分别站在一条横线两边进行比赛，增加游戏的热烈气氛，但要控制好游戏的时间，以免幼儿过度疲劳。

◎ **观察支持：**

观察幼儿撞球的动作，不要偏离正中间，也不能举高砸球。如果发现这些情况，要及时纠正，避免撞到对方的脸部。同时要观察幼儿的疲累程度，控制好游戏的间隔时间。

◎ **延展意图：**

由于安全原因，在幼儿园是不提倡玩传统斗鸡游戏的，但我们可以改变游戏方式，用手掌对手掌用力推或通过幼儿两手持软质物体（如海绵积木、羊角球、篮球、塑胶小脸盆等）进行推撞来代替膝盖的碰撞，打破传统游戏单一的玩法，既可以保证游戏安全可行，又可以丰富游戏内容，增强幼儿对游戏的兴趣，在促进幼儿球感的同时，使幼儿单腿的平衡能力和弹跳能力得到有效的锻炼，这个游戏可以综合提高幼儿身心素质，为今后的篮球活动的综合性开展奠定基础。

图4-1-17 抱球斗鸡

第二节　中班幼儿篮球游戏活动案例

随着幼儿各方面的发展水平的提高，中班幼儿在篮球活动中的认知水平也大有提升，在学习动作方面不只存在模仿，还会进行联系和自我调整的学习，所以幼儿在这个阶段学习运球动作会很快，并动作娴熟，越来越完善。

因此，这个阶段的幼儿篮球游戏活动的创设要内容更加丰富，活动的时间和次数要更多，互动性、交往性的活动要更多，以此满足幼儿身心发展需求。中班幼儿这个阶段的动作发展关键是运球，运球动作技能水平越高，幼儿的篮球游戏水平就越高。具体实施策略方面主要是在小班打下的基础上，复习和提升"帽子式"运球动作，为幼儿创设多种多样的篮球游戏，在游戏中逐步提高运球的动作水平，最终达到不看球能原地运球，左手、右手都能原地运球，能运球走、跑，能双球运球等。

同时，要注重在篮球活动游戏中融入优秀传统文化教育，促进幼儿全面发展。

1. 给球宝宝按摩

◎ **活动目标：**

（1）运用直观的方法使幼儿区分"拍"与"按"的动作，为"戴好帽子才按下去"的思想概念做铺垫。

（2）以直观的游戏玩法，使幼儿在快乐中学习，培养幼儿对篮球活动的兴趣，提高手部按拨球动作的协调性。

◎ **活动准备：**

（1）人手一个篮球、篮球比赛犯规牌（简称"板拍"）。

（2）拍球能力有所提高，能连续拍打球反弹三次以上。

◎ **游戏玩法：**

第一种：有声音有距离。板拍离球有一定的距离就开始加速用力拍打球，发出"啪、啪、啪"的声响。第二种：没声音没距离。板拍先紧贴球面正上方，再用力按压球，没有发出声音，就像给球宝宝按摩。

◎ **组织形式：**

（1）教师示范拍手掌和按压手掌两个动作，先让幼儿说出动作名称，再让幼儿思考这两个动作有什么不同，最大的区别是什么。引导幼儿根据声音和距离来辨别这两个动作。

（2）幼儿用板拍来体验这两个动作，想想是有声音的好用，还是没声音的好用？让幼儿充分练习体验，教师也要带动幼儿一起先后练习两个动作，可以播放音乐，增强幼儿的注意力和节奏感。

（3）幼儿用手来体验这两个动作，想想是有声音的好用，还是没声音的好用？让幼儿充分练习体验，然后教师与幼儿一起讨论，请持不同意见的幼儿来演示和表达自己的想法。最后是教师帮幼儿梳理经验，解释如何用声音和距离来辨别"拍"和"按"这两个动作，问："如果我们用手或板拍有声音地拍打球宝宝，你们觉得球宝宝会怎样？""如果我们用手或板拍没声音地拍打球宝宝，你们觉得球宝宝又会怎样？"然后说："所以，我们的手要先贴到球宝宝再用力按压下去，这样就没有声音，就像给球宝宝按摩一样，它会觉得很舒服的，它才愿意跟你一起玩，再不会到处跑了。如果你用力拍打球宝宝，它会觉得很痛的，就不想跟你玩，到处跑了。"幼儿再体验一次给球宝宝按摩。

◎ **观察支持：**

注意观察幼儿的用力情况，如果幼儿不懂得贴紧球面才用力按压球，教师可握住幼儿的手练习，并具体告诉他是什么时候用力，如何用声音和距离来辨别"拍"和"按"这两个动作，提醒幼儿手或板拍应触球的正上方。这个活动可以在小班第二学期、中班第一学期让幼儿充分体验，有可能开始幼儿会认为有声音的方法好用，老师不要发表意见，鼓励幼儿继续体验和观察。

◎ **延展意图：**

用声音和距离这种直观的方法来辨别"拍"和"按"这两个动作，为接下来学习"帽子式"运球做好准备。板拍球有助于对帽子式运球动作的理解，当幼儿能熟练用板拍运球且不发出声音时，证明幼儿能理解"按压"这个动作，跟"戴好帽子才按下去"这句话相对应，幼儿在往后的学习中就能带着这个经验去思考、辨别和调整动作。这样能使幼儿快速掌握运球动作技能，达到自动化，有利于与其他运动项目融合开展篮球游戏。幼儿运球动作技能水平越高，篮球游戏的选择范围越广。

图4-2-1　板拍"拍球"　　　　　　图4-2-2　板拍"按摩球"

2. 我给球宝宝戴帽子（一）

◎ **活动目标：**

（1）让幼儿在快乐游戏中学习运球动作要领，增强他们的学习兴趣。

（2）帮助幼儿在脑中初步形成帽子式运球动作的思想概念。

◎ **活动准备：**

（1）移动音响、节奏感较强的2/4拍音乐、圆圈、小跨栏。

（2）双脚跳跃动作经验。

◎ **游戏玩法：**

小朋友把自己的头当成圆圆的篮球，这个球宝宝也很想像我们平时一样戴帽子，我们用手变成一顶帽子给它戴上去。根据帽子式运球的动作要领，教师和幼儿用手做成帽子形状，戴在自己头上，把头当成篮球来按压，手和头保持不分开，当手用力下按时，两腿半蹲后再蹬直，身体先下降后上升，完成动作时要保持有弹性、连贯，模仿运球时的情形，注意五指要自然分开，配上2/4拍的音乐，根据节奏一起练习动作。

◎ **组织形式：**

（1）幼儿站在原地把自己的头当成篮球，给球宝宝戴上帽子然后用力按压，先自由体验，再根据音乐节奏来练习。

（2）原地两人一组先轮流给对方戴帽子玩，然后两人同时给对方戴帽子玩。都是根据音乐节奏来练习。

（3）两人一组先轮流给对方戴帽子，边按压边向前跳。先自由体验，再根据音乐节奏来练习边戴帽子边跳圆圈（或跨栏），圆圈数量6~8个。

◎ **观察支持：**

教师在每个环节都要先做示范或请幼儿一起演示。注意观察幼儿的手有没有紧贴头的上方，有没有五指分开像帽子一样包住头。教师可以用手做成帽子离头部由远到近边演示边提问："看看老师有没有戴好帽子？"另一种情况是，教师只用手指戴帽子，掌心是空出的，边演示边提问："看看老师是戴大帽子还是小帽子？哪一种稳一点，不容易掉？"戴大帽子是要掌心贴住头部，前臂前端也贴着头侧面。

◎ **延展意图：**

戴帽子游戏有助于幼儿对今后学习"帽子式"运球动作的理解，帮助幼儿理解"按压"这个动作，记住"戴好帽子才用力按下去"。强化幼儿在脑中建立的动作思想概念，今后幼儿在学习运球时就会带着"玩戴帽子的情境"调整动作，不用去记那些不懂、难记的动作要领和专业术语。

图4-2-3　给球宝宝戴帽子

3. 我给球宝宝戴帽子（二）

◎ **活动目标：**

（1）让幼儿在快乐游戏中学习运球动作要领，增加他们的学习兴趣。

（2）帮助幼儿在脑中初步形成帽子式运球动作的思想概念，加深幼儿对手形、用力时机、用力节奏的理解。

◎ **活动准备：**

（1）移动音响、节奏感较强的2/4拍音乐，每人一个篮球。

（2）幼儿的球性较好，能把球拍打起来。

◎ **游戏玩法：**

这个球宝宝也很想像我们平时一样戴帽子，我们用手变成一顶帽子给它戴上去。根据帽子式运球的动作要领，教师和幼儿用手做成帽子形状，戴在球宝宝正上方，左手扶住球，右手与球面保持不分开，双脚开立，膝盖保持弯曲状。当右手用力下按时，两腿半蹲做上下起伏的动作，身体先下降后上升，完成动作时要保持有弹性、连贯，模仿运球时的情形，注意五指要自然分开，掌心紧贴球面，配上2/4拍的音乐，根据节奏一起练习动作。

◎ **组织形式：**

（1）幼儿单独玩，左手扶住球，右手给球宝宝戴上帽子，然后再用力向下按压。

（2）两个人一组，双脚开立，膝盖保持弯曲，面对面站着，一个人双手扶球，另一人右手给球宝宝戴上帽子，当右手用力下按时，两人的腿同时半蹲，做上下起伏的动作，身体先下降后上升，完成动作时要保持有弹性、连贯，模仿运球时的情形。

（3）让幼儿尝试一下用戴帽子的玩法来运球，可以先运球一次就抱住，然后运球次数逐渐增加。

◎ **观察支持：**

（1）观察幼儿的手掌心是否贴住球面，及时提醒示范；

（2）观察幼儿膝盖是否保持弯曲状态，是否有节奏、有弹性地上下伸缩，要及时提醒示范；

（3）教师双手扶球，每次球在最高处时有意识地用力顶一下幼儿的手，让幼儿感受一下用力时机和什么时候减小力度，提醒幼儿是戴高帽子，等球反弹到最高处才用力。

◎ **延展意图：**

戴帽子游戏有助于幼儿对运球动作的理解，帮助幼儿理解"按压"这个动作，理解什么时候用力，记住"戴好帽子才用力按下去"，而不是拍打球，强化幼儿在脑中建立的动作思想概念，今后幼儿在学习运球时就会带着"玩戴帽子的情境"进行动作调整，不用去记那些不懂、难记的动作要领和专业术语。

图4-2-4　戴好帽子按下去

4. "帽子式"运球

◎ **活动目标：**

（1）使幼儿在练习时脑中呈现帽子式运球的基本模式，把前面的思想概念转用到运球的实践中。

（2）初步了解手形和"按"的基本要领，体会"拍"与"按"的不同。

（3）增强幼儿对戴帽子手形、用力时机、用力节奏的掌握。

◎ **活动准备：**

（1）每人一个篮球，移动音响、节奏感较强的2/4拍音乐。

（2）幼儿的球性较好，能把球拍打起来。

◎ **游戏玩法：**

身体姿势：运球时两脚左右自然开立，稍宽于肩膀；膝盖微屈，上体稍前倾，抬头平视（初学者要眼视手和球）。

手形：初学者主要是以胸前高运球为主，以右手运五号球（直径24cm）为例，左手扶住球的下面，右手五指自然分开，腕关节下屈做成一顶帽子形状包住球的正上方，掌心、掌根、五指及前臂前端紧贴球面，就像给球戴上一顶帽子，持球于胸前。

手按拨球和膝盖的动作：等球反弹至最高处戴好高帽子才用力按拨下去，口诀是"戴好高帽子才按下去"。膝盖保持弯曲状态，根据音乐节奏，有弹性地上下伸缩。

◎ 组织形式：

（1）教师先讲解示范"帽子式"运球动作。

（2）幼儿跟着音乐节奏来练习"帽子式"运球动作。

（3）教师观察幼儿的动作掌握情况，进行针对性的辅导。个别辅导方法：第一，教师右手扶住球从下到上，慢慢升到幼儿胸前，告诉幼儿要等球升到这个高度才用力按下去。幼儿的手部动作同帽子式运球的操作方法一样，教师左手再按紧幼儿的右手向下按压，右手向上扶，形成活塞式上下移动，让幼儿感受手没有离开球、手腕用力、手指拨球等动作方法。第二，教师站在幼儿的身后用左手扶住球，右手抓住幼儿的右手前臂向下按拨，同时左手移开。当球由地面反弹起来时，左手赶快扶住球，回到开始的持球动作，然后重复练习，教师要视其掌握程度而决定何时完全移开左手。

图4-2-5 "帽子式"运球

◎ **观察支持：**

如果幼儿太早用力按球，用力时机不恰当，那么教师就要慢动作示范给幼儿看看哪里是球反弹的最高处，是在这个时候用力的。同时示范错误动作并讲解为什么太早用力按球，球就弹不起来。

如果是幼儿的手形原因造成运球不稳定，就要提醒幼儿如何用"戴帽子"的方法。

◎ **延展意图：**

"帽子式"运球总体教学顺序是：概念思想建立——动作要领理解——动作技术掌握。帮助幼儿逐步形成帽子运球法的思想概念，同时，幼儿经过三年帽子式运球的学习后，就能运球自由奔跑参加各种篮球游戏。

当幼儿学习过这个"帽子式"运球活动内容后，教师要组织丰富多彩、形式多样的小篮球游戏，将"帽子式"运球的练习安排在其他形式的游戏里，潜移默化地提高幼儿的动作技能，这样就不会枯燥无趣。

5. 看谁运球运得多

◎ **活动目标：**

（1）强化幼儿运球能力，增强原地控球的稳定性。

（2）培养幼儿竞赛意识，激发幼儿学习热情。

（3）思考"帽子式"运球的应用。

◎ **活动准备：**

（1）每个人一个篮球、一个圆圈。

（2）已学"帽子式"运球，运球次数在5~10次左右。

◎ **游戏玩法：**

看谁运球运得多就是在原地比赛谁运球的次数较多，以右手为例。运球能力较强的可以在指定圆圈里玩，保持球始终落在圆圈里。

◎ **组织形式：**

（1）按难度顺序依次挑战：3次、5次、7次、10次等，看谁能挑战成功。

（2）两人一组进行比赛，谁原地运球次数多，谁就获胜。

（3）先挑战在圆圈里运球，保持球不出圆圈，然后再挑战既保持球不出圆圈，又能持续运球，比一比谁做得最多。

◎ **观察支持：**

注意观察幼儿运球动作情况，提醒幼儿应用"帽子式"运球的方法，如果幼儿用力时机不恰当，要帮助幼儿理解等待球反弹到最高处时才用力，即"戴高帽子"。如果是幼儿的手形原因造成运球不稳定，就要提醒幼儿如何用"戴帽子"的方法来改变手形。比赛在圆圈里运球的时候，以自愿出来比赛为主，不要打击到能力较弱的幼儿的信心。

◎ **延展意图：**

充分体验和理解"帽子式"运球的方法，巩固和积累学习经验，快速提高幼儿运球能力，提高篮球游戏水平，这样就可以参与更多形式多样、内容丰富的篮球游戏。

6. 木头人运球

◎ **活动目标：**

（1）强化幼儿运球的动作能力，增强控球的稳定性。

（2）培养幼儿敢于挑战困难，克服困难的精神。

（3）在游戏中思考如何更好地控制球一起移动。

◎ **活动准备：**

（1）每人一个篮球，每人一个胶圈。

（2）运球动作一般，基本能运球5次左右。

◎ **游戏玩法：**

教师带头在前面走，幼儿分散跟在后面，边运球边玩木头人游戏。游戏开始时，教师和幼儿一起念："山、山，山上有个木头人，不许说话不许动"，然后抱着球摆个姿势就不动了，谁能坚持到最后谁就是胜者。违反游戏规则或输了的幼儿要停玩一次，在旁边观看。

◎ **组织形式：**

（1）首先是教师与幼儿都不用运球玩3次，复习、熟悉一下游戏规则。

（2）其次是玩木头人运球游戏，强调要边运球边走，否则就算违反游戏规则，违反游戏规则或输了的幼儿要停玩一次，在旁边观看。

（3）把所有的胶圈摆成一个大圆圈，教师和幼儿持球站在圆圈中间，圆圈中间为起点，胶圈为终点，玩几次木头人运球后，看谁能在不违反规则的情况下最先到达终点。同样，违反规则者停玩一次。

●观察支持：

幼儿运球初学者运球走路相对有点难度，但要鼓励和允许幼儿拍球或运球几次就抱着球，再重新开始，幼儿掉球也不要说是输了，可以捡回来再重新开始，目的是不打击幼儿的学习积极性。强调要边运球边走，有个别运球能力较弱的幼儿，教师可以不处罚他，先让他喜欢上玩这个游戏，给点时间让他自己改变自己。

◎ 延展意图：

让幼儿喜欢上篮球游戏，了解篮球还有很多好玩的游戏，可以跟我们平时最喜欢玩的游戏结合在一起。幼儿平时原地运球时，球可能会向前跑，幼儿在后面跟着，这是球主导幼儿的走向，木头人运球目的是使幼儿有意识地控制球跟着自己走，是幼儿主导球的走向，为今后的学习打下厚实的基础。

7. 穿越雷区

◎ 活动目标：

（1）强化幼儿运球的能力，增强控球的稳定性。

（2）培养幼儿敢于挑战困难，克服困难的精神。

（3）在游戏中思考如何更好地控制球。

◎ 活动准备：

（1）每人一个篮球，雪糕筒40个。

（2）有一定的运球能力，基本能在原地将球运起来。

◎ 游戏玩法：

图4-2-6　穿越雷区

以右手运球为例,球可在体侧或体前,边运球边向前走,走到雪糕筒旁S形绕着走,允许左手辅助,连续走完10个雪糕筒再重新玩一次。接着把40个雪糕筒当成地雷,相隔半米分散摆放在篮球场地,让幼儿从场地的一边运球走至另一边,如果碰到地雷就停止玩一次游戏。

◎ **组织形式:**

(1)幼儿先自由地边走边运球,再由教师组织幼儿按篮球场画的线运球。

(2)幼儿分6个人一组,边运球边绕着相隔2米的雪糕筒走,练习5~8次。

(3)组织幼儿穿越雷区,幼儿集体从篮球场的一边运球走到另一边。

◎ **观察支持:**

按指定线路走或绕开地雷都是有目的地使幼儿有意识地控制球,在游戏中提高对球的控制能力。有个别幼儿可能运球能力较弱,教师要观察是用力时机不对还是手形不对引起的,可以先单独进行有针对性的辅导。

◎ **延展意图:**

让幼儿喜欢上篮球游戏,了解到篮球还有很多好玩的游戏,可以跟我们平时最喜欢玩的游戏结合在一起。幼儿平时原地运球时,球可能会向前跑,幼儿在后面跟着,这是球在主导幼儿的走向,这个游戏的目的是使幼儿有意识地控制球跟着自己走,是幼儿主导球的走向,使幼儿有意识地控制球的方向和反弹力度,为今后学习运球快速跑、跳跃、跨跳、转身、变向等动作打下厚实的基础。

8. 老狼几点钟

◎ **活动目标:**

(1)强化幼儿运球的动作能力,在游戏中思考如何更好地控制球。

(2)提高注意力和数数能力、反应能力。

(3)培养幼儿的篮球学习兴趣,在游戏中获得快乐。

◎ **活动准备:**

(1)每人一个篮球,每人一个胶圈,场地要宽敞平整。

(2)运球动作一般,基本能运球5次以上。

◎ **游戏玩法:**

把所有的胶圈摆成一个大圆圈,教师和幼儿持球站在圆圈中间并以此为起点,胶圈为安全点,教师站在前面当"老狼",背朝幼儿向前走,幼儿自由地跟着老狼在大场地内往前走，边走边运球，并问："老狼老狼几点钟？"这个时候教师和幼儿抱球停住，老狼开始第一次回答："1点钟。"老狼回答1~5点钟时，幼儿不用逃跑。当老狼回答"6点钟"时，老狼立即转身面向幼儿，并去捉幼儿，幼儿边躲闪，边快跑回胶圈安全点，老狼不能抓进入安全点的幼儿。在跑进安全点前被"老狼"捉到的幼儿暂停一次游戏。

◎ **组织形式：**

（1）首先是教师与幼儿都不运球玩3次，复习、熟悉一下游戏规则。

（2）教师和幼儿玩"老狼老狼几点钟？"游戏，这个环节不要求幼儿逃跑的时候必须运球，可以抱着球跑回胶圈安全点。

（3）增加难度。第一，要求幼儿逃跑的时候要运球跑，但教师要适当放慢追赶的速度，尽量让幼儿获得成功。第二，老狼说"6点钟"之前幼儿不能抱球，教师和幼儿还是继续运球走，在对话的时候是原地运球，而不是抱着球。

◎ **观察支持：**

（1）刚开始玩这个游戏时，教师在抓幼儿的时候，要让幼儿提前有心理准备，要适当放慢追赶的速度，动作不要太突然，尽量让幼儿获得成功，同时也避免幼儿因太着急而互相碰撞。

（2）强调要边运球边走，有个别运球能力较弱的幼儿，教师可以不处罚他，先让他喜欢上玩这个游戏，给点时间让他自己思考，改变自己。

◎ **延展意图：**

（1）这个游戏除了能提高幼儿运球的能力，还能培养幼儿运球快跑、运球急停、运球急停抱球等能力，为今后的篮球学习打下厚实的基础。

（2）让幼儿喜欢上篮球游戏，了解到篮球还有很多好玩的游戏，可以跟我们平时最喜欢玩的游戏结合在一起。

（3）当幼儿的运球动作水平很高时，可以增加游戏难度和其他体育器械，丰富游戏内容和组织形式，比如在幼儿跑去安全点的路上增加运球走平衡木、运球绕雪糕筒、运球跳圆圈、运球跨栏，逐个增加，最后串联在一起玩。

9. 横向老鹰捉小鸡

◎ **活动目标：**

（1）强化幼儿运球的动作能力，在游戏中思考如何更好地控制球。

（2）初步学习运球侧滑步动作，掌握运球侧滑步的基本要领。

（3）培养幼儿团队协作意识和篮球学习兴趣，在游戏中获得快乐。

◎ **活动准备：**

（1）每人一个篮球，场地要宽敞平整，画两条10米长，相隔3米的横线。

（2）原地运球动作比较熟练，达到巩固运球阶段。

◎ **游戏玩法：**

教师当老鹰运球，一个幼儿当小鸡运球，其余幼儿当母鸡，所有的母鸡运球站成一横排阻挡前面的老鹰去抓后面的小鸡。老鹰要想办法越过母鸡去抓小鸡，当老鹰向左或向右移动时，母鸡也跟着运球移动，母鸡只做左右侧滑步或前后移动，保持横排队形不要散开。

图4-2-7 横向老鹰捉小鸡

◎ **组织形式：**

（1）按这个游戏的玩法，首先是不用运球，三人一组扮演三个角色徒手玩老鹰抓小鸡游戏，练习三次，熟悉一下游戏规则。这个环节可以分开玩。

（2）按这个游戏的玩法再组织集体徒手玩这个游戏，但母鸡都要站在线上左右侧滑步移动，教师要先示范侧滑步动作基本要领，由两脚平行站立姿势开始，向左侧滑步时，左脚向左（移动方向）迈出的同时，右脚蹬地滑动，跟随左脚移动，并保持屈膝降低重心的姿势，上体微向前倾，两臂（根据进攻者的情况）张开，抬头注视对手。注意身体不要上下起伏，两脚不要交叉，重心要保持在两脚之间。

（3）按这个游戏的玩法组织幼儿玩老鹰抓小鸡，教师要示范运球侧滑步移动的动作要领，以右手运球为例，将球控制在右前方，运球的高度不超过肩部，不要低于膝盖部位，手不要离开球拍打。

◎ **观察支持：**

幼儿初学侧滑步会出现侧身跑、跳步、双手同时拍球等情况，这些都是正常的，只要孩子能喜欢这个游戏，能运动起来就达到锻炼效果了。侧滑步本身就是篮球运动员所学的动作，比较专业，老师不要急于纠正，我们只是借用这个步法来玩横向走的游戏。

如果人数太多，横排队伍可以分为2~3横队，分开站在线上，使幼儿的移动空间和距离增加，避免互相踩撞。另外，教师要将各种诙谐动作融入游戏角色，一会左一会右、一会前一会后、一会上一会下等变换各种方向来调动幼儿的兴趣，当幼儿能掌握左右手轮换运球，这个游戏更适合，玩起来更顺畅。

◎ **延展意图：**

这个游戏的目的是使幼儿在移动中控制运球动作，在这个基础上让幼儿接触简单的左右移动的侧滑步，侧滑步是篮球防守中的一个动作，在游戏中慢慢地渗透一些篮球步法教学，为以后学习变向步法打下基础，同时也达到锻炼幼儿大小腿肌肉力量的目的。

10. 运球接力赛

◎ **活动目标：**

（1）强化幼儿运球的能力，在游戏中思考如何更好地控制球；

（2）初步学习运球跑动作，掌握运球跑的基本要领；

（3）培养幼儿团队协作意识和篮球学习兴趣，在游戏中获得快乐。

◎ **活动准备：**

（1）20米跑道四道、篮球四个。

（2）原地运球动作比较熟练，达到巩固运球阶段。

◎ **游戏玩法：**

以32人为例，幼儿平分为8小组，8个小组分别呈纵队站在相隔20米的跑道两端，同一跑道为同一支队伍进行比赛，分为红队、黄队、蓝队、白队。跑道一端排头的幼儿先运球跑，把球给对面跑道的第一个队友，然后到这支队伍后面休息。此时，第一个队友接到球后，立刻运球跑到对面跑道把球给站在前面的队友，然后到这支队伍的后面休息。以此类推，先完成运球接力的队伍为胜。

◎ **组织形式：**

（1）首先是不用运球，徒手跑练习2次，以击掌接力来熟悉一下游戏规则。

（2）按这个游戏的玩法组织幼儿先运球走着进行接力比赛2次，要求幼儿运球的高度控制在胸腹部。

（3）按这个游戏的玩法组织幼儿比赛，教师要示范运球跑的动作要领，以右手运球为例，将球控制在右前方，运球的高度不超过肩部，不要低于腹部，不要弯腰跑，手不要离开球拍打。

◎ **观察支持：**

幼儿开始学习运球跑时，会出现难以控制球的现象，运球的高度不是太高就是太低，或拍打球后部、弯腰拍球、双手拍球等。因此，教师要先做好规范动作示范，介绍不规范动作造成的后果，在这阶段不要强硬要求幼儿动作要很规范，允许幼儿在"错误"中调整过来。

接力比赛时，幼儿可能开始不明白同一跑道对面的小朋友也是自己队伍的或者幼儿会在交接球后跑回开始的位置，教师要对这两点明确讲解，用一支队伍先演示。

◎ **延展意图：**

运球跑是在运球走的基础上发展起来的，前期可以多安排幼儿练习运球走的游戏，让幼儿充分感受如何控制球移动，为学习运球跑做好准备。运球跑是整个篮球活动课程里最重要的动作，通过这个动作来实现众多的运动项目、游戏内容和形式。因此，当幼儿能熟练原地运球时，我们要多安排运球跑的游戏，为今后学习运球快速跑、变向跑、急停、行进间传接球、行进间投篮等动作打下基础。

11. 警察抓小偷

◎ **活动目标：**

（1）强化幼儿运球的动作能力，在游戏中思考如何更好地控制球；

（2）初步学习运球跑动作，提高注意力、反应能力；

（3）培养幼儿的篮球学习兴趣，在游戏中获得快乐。

◎ **活动准备：**

（1）每人一个篮球，场地要宽敞平整。

（2）运球动作比较熟练，达到巩固运球阶段。

◎ **游戏玩法：**

教师扮演警察，幼儿扮演小偷，警察运着球追捕，小偷运着球逃跑，被警察抓到的幼儿暂停玩游戏一次，直到警察抓到下一个小偷来代替才可以参加游戏。由教师根据幼儿的兴奋度控制每次游戏的时间和节奏，根据幼儿的能力控制跑的速度。

◎ **组织形式：**

（1）首先是教师与幼儿都不运球玩3次，复习、熟悉一下游戏规则。

（2）警察运着球追捕，小偷运着球逃跑，小偷分散跑开。

（3）角色互换，教师当小偷，幼儿当警察，所有的幼儿来抓教师。

◎ **观察支持：**

（1）一开始教师抓幼儿时要放慢速度，佯装吓一吓幼儿，让幼儿多点机会熟练运球走、跑。

（2）幼儿运球动作不熟练时，会在跑的时候先抱着球跑，这时老师可以不做强硬要求，等以后幼儿运球熟练后再规定要运球跑，否则违反游戏规则暂停玩一次。

（3）当小偷逃跑时教师要注意动作不要太猛烈，转身时要看后面是否有幼儿，以免撞伤幼儿。

◎ **延展意图：**

这个游戏的目的是帮助幼儿纠正运球总是看着球的习惯，通过游戏的规则把幼儿的注意力转移到教师身上，为今后学习运球快速跑、变向跑、急停、行进间传接球、行进间投篮等动作打下基础。

12. 两人运球交换

◎ **活动目标：**

（1）增强幼儿控制自己的注意力和控球的能力。

（2）培养幼儿的合作意识，思考如何解决交换运球。

（3）培养与伙伴协作玩游戏带来的愉悦情感。

◎ **活动准备：**

（1）每人一个篮球。

（2）能掌握原地运球基本动作。

◎ **游戏玩法：**

两人一组面对面各自运球，同时喊口令"1、2、3、换"，当喊到"换"字时，两人各自向自己的右前方绕到对方的位置接住对方的球继续运球，重复练习，即两人交换位置和球进行运球。可以面对面交换玩，体侧交换玩，背对背交换玩，也可以前后站交换玩。

◎ **组织形式：**

（1）两人面对面玩交换运球，玩5~10分钟，熟悉交换动作，达到默契配合。

（2）两人并排站运球，挑战体侧交换位置，事先要商量好谁走前面、谁走后面。同时喊口令"1、2、3、换"，当喊到"换"字时开始向体侧移动换位置，重复练习10次左右。

（3）两人背对背站运球，同时喊口令"1、2、3、换"，当喊到"换"字时，两人同时各自向左后方跑到对方的位置接住球继续运球，重复练习10次左右。

（4）两人前后站运球，同时喊口令"1、2、3、换"，当喊到"换"字时，站在后面的幼儿向右前方跑去接住对方的球，站在前面的幼儿向左后方跑接住对方的球，重复练习10次左右。

◎ **观察支持：**

（1）观察幼儿的路线交换是否顺畅，是否配合默契，教师可以指导幼儿，以防两人互相碰撞。

（2）观察交换的口令是否一致，教师可以帮忙带动幼儿一起喊口令，让幼儿先获得成功感。

（3）视幼儿掌握的程度而逐渐增加难度，视幼儿的兴趣度而变换玩法。教师可以安排3人一组、4人一组、5人一组等逐渐增加人数直到全班幼儿一起玩这个游戏，到了大班年龄，相信幼儿能通过团队的合作完成这个挑战。

◎ **延展意图：**

（1）初学运球的幼儿会习惯看着球，这个游戏的主要目的是逐步帮助幼儿提高运球动作技能，慢慢转化为自动化运球。

（2）幼儿的运球动作水平的提高有利于提高幼儿的篮球游戏水平，有利于教师组织更丰富的游戏内容，从而综合增强幼儿的身体素质，这个游戏目的是提高幼儿身体的灵敏性、协调性，在游戏中学习一些篮球移动步法，为今后更高层次的动作学习打下基础。

慢慢培养幼儿的合作意识、团队意识，在快乐的游戏中学会与伙伴相处、合作完成任务，使幼儿学习篮球的兴趣得到延伸。

图4-2-8　交换运球

13. 运球揪尾巴

◎ **活动目标：**

（1）增强幼儿身体的灵敏性和协调性。

（2）在游戏中得到锻炼和快乐，提高学习和交往的能力。

（3）提高幼儿的控球能力，逐步转化为"无视球"运球。

◎ **活动准备：**

（1）每人一张报纸，一个篮球。

（2）运球动作能力中等程度，球能运起来，但稳定性不高。

◎ **游戏玩法：**

幼儿人手一张旧报纸，教师引导幼儿将报纸做成尾巴来玩边运球边揪尾巴的游戏。可以两人一组互相帮助夹好尾巴，再进行揪尾巴比赛，幼儿要在保护自己的球和尾巴的同时，主动去揪对方的尾巴，谁先揪到对方的尾巴谁获胜。揪到对方的尾巴，但自己的球掉了，也算输。此游戏有利于幼儿"无视球"运球能力的提高，让幼儿的身体在游戏中得到锻炼，提高学习和交往的能力。

◎ **组织形式：**

（1）幼儿两人一组，互相揪对方的尾巴。

（2）所有的幼儿都去揪老师的尾巴。

（3）老师去揪所有幼儿的尾巴。

◎ **观察支持：**

有的幼儿急于获胜，会抛弃球而去抓对方的尾巴，教师要及时做好裁判和提醒。

有的幼儿只会看着自己的球，担心球掉了，而不会主动进攻抓对方的尾巴，教师要鼓励幼儿大胆去进攻，不怕失败，输了可以再来一次。

◎ **延展意图：**

初学运球的幼儿会习惯看着球，这个游戏的主要目的是逐步帮助幼儿提高运球动作技能，慢慢转化为自动化运球。幼儿的运球动作水平的提高有利于提高幼儿的篮球游戏水平，有利于教师组织更丰富的游戏内容，从而综合增强幼儿的身体素质。

图4-2-9　揪尾巴

14. 背对背抢球

◎ **活动目标：**

（1）增强幼儿身体的灵敏性和协调性。

（2）培养幼儿热爱篮球游戏，喜欢与同伴玩游戏。

（3）提高幼儿的控球能力，逐步转化为"无视球"运球。

◎ **活动准备：**

（1）每人一个篮球。

（2）运球能力较好，左手运球能力有一定基础。

◎ **游戏玩法：**

两或三人一组，由背对背开始游戏比赛，幼儿必须一边保护自己的球，一边用另一只手去抢对方的球，能保持自己的球没有掉，手又能拍掉对方的球者为胜。提醒幼儿可以运球转身到对方的前面攻击，眼睛不要看自己的球，要找机会主动出击。这个游戏为往后小篮球赛打下基础。

图4-2-10　互相拍打球

◎ **组织形式：**

（1）两人一组互相抢球，分出胜负后重新再玩。

（2）三个人一组互相抢球，一人先输了，再由其他两人继续分胜负。

◎ **观察支持：**

幼儿开始时只会看着自己的球，担心球掉了，而不会主动进攻拍打对方的球，教师要鼓励幼儿大胆去进攻，不怕失败，输了可以再来一次。提醒幼儿当对方用手拍打自己的球时，可以赶快转向用背对着好朋友来保护自己的球，或者赶快换另一只手运球，让球远离对方，鼓励幼儿多用左手运球来避开对方的进攻。注意不要打到对方的脸或身体，看准球再出手。

◎ **延展意图：**

初学运球的幼儿会习惯看着球，这个游戏的主要目的是逐步帮助幼儿提高运球动作技能，慢慢转化为自动化运球。幼儿的运球动作水平的提高有利于提高幼儿的篮球游戏水平，有利于教师组织更丰富的游戏内容，从而综合增强幼儿的身体素质。改变幼儿习惯用右手运球的情况，在游戏中逐步提高左手运球的能力，为今后开展篮球比赛打下防守与进攻的意识基础。

15. 击剑勇士

◎ **活动目标：**

（1）增强幼儿身体的灵敏性和协调性。

（2）培养幼儿热爱篮球游戏，喜欢与同伴玩游戏。

（3）提高幼儿的控球能力，逐步转化为"无视球"运球。

◎ **活动准备：**

（1）每人一个篮球、一根绳棍。

（2）运球能力较好，左手运球有一定的基础。

◎ **游戏玩法：**

模仿击剑运动比赛，两人为一组，各用一根绳棍（或软质材料的棍棒代替）当作剑，每人各运一球，一手握剑一手运球，边运球边用剑戳对方的球，谁的球先离开手，谁就输了。注意戳球时，剑不能走曲线、弧线，只能前后走直线。

图4-2-11　运球击剑

◎ **组织形式：**

（1）两人一组，自由地在一个空地玩。

（2）两人一组，侧身运球站在一条跑道上比赛击剑。

（3）增加难度，规定都用左手运球，右手击剑。

◎ **观察支持：**

注意提醒幼儿不要戳到对方的脸，看准球再出手。鼓励幼儿多用左手运球，视幼儿运球掌握程度而增加游戏的难度。

◎ **延展意图：**

改变幼儿习惯用右手运球的情况，在游戏中逐步提高左手运球的能力，为今后左右手轮换运球打下基础，为开展篮球比赛打下防守与进攻的意识基础。

第三节　大班幼儿篮球游戏活动案例

大班阶段的幼儿认知水平和自我评价能力明显提高，掌握了一定的学习方法；动作协调，灵活性、控制能力明显提高，可学习比较复杂的运动技能；社会交往能力也有所提高，合作能力、规则意识不断提高，社会能力及解决问题的能力增强，更喜欢集体活动，喜欢与周围的人交往，建立自己的同伴关系。

因此，这个阶段幼儿篮球游戏活动的创设在内容上要更加丰富、复杂，如加入"社交场所的主题游戏、社会职业角色"等，渗透社会文化元素到游戏活动中；创设有一定难度的挑战性篮球游戏，创设可表现自己才艺的表演性篮球活动，创设有竞赛性的小篮球低层次比赛活动；鼓励幼儿与同伴一起创作游戏、一起合作玩游戏，如"一球多玩，让幼儿创设花式篮球的各种玩法""难度较大的行进间投篮动作""有较强的比赛规则的小小篮球赛""有社会文化的篮球舞狮舞龙游戏"等等。

大班幼儿的运球能力基本上都能达到自动化，可利用篮球运球活动进行各种走、跑、跳、投等运动项目，使幼儿身体素质得到全面的发展，同时，在运动游戏中实现全面发展其他领域的教育目标。

1. 二人三足运球

◎ **活动目标：**

（1）强化幼儿左手运球的能力。

（2）增强幼儿身体的灵敏性和协调性。

（3）培养幼儿敢于挑战困难的品质，增强与同伴交流和合作的意识。

◎ **活动准备：**

（1）每人一个篮球，两人一条贴布。

（2）左手有一定运球基础，学会二人三足游戏。

◎ **游戏玩法：**

游戏规则与传统二人三足游戏一样，两人并排站，将幼儿中间两条腿绑在一起，把小篮球运动融入游戏，其中一个人用左手运球，另一个人用右手运球，边运球边三足走。可以通过延长运球的距离或绕障碍物来增加游戏的难度。

图4-3-1　二人三足

◎ **组织形式：**

（1）先两个人一组玩不运球的二人三足游戏，让幼儿熟练动作。

（2）增加游戏难度，边运球边玩二人三足，两三次练习熟练后，请幼儿交换腿绑和交换手运球。

（3）两人为一组，组与组之间来比赛，谁先走到终点谁就获胜。

◎ **观察支持：**

观察哪些幼儿配合效果不佳，教师可以喊"一二、一二"的口令提醒他们；注意有的幼儿可能会走得太快而拉扯到另一个幼儿，要提醒幼儿学会等待自己的好朋友。

◎ **延展意图：**

改变幼儿习惯用右手运球的情况，在游戏中逐步提高左手运球的能力，为今后左右手轮换运球打下基础，为开展篮球比赛打下防守与进攻的意识基础。

2. 你推我扶

◎ **活动目标：**

（1）增强幼儿的控球能力和快速反应能力。

（2）思考如何边运球边扶起雪糕筒。

（3）培养幼儿的集体荣誉感和遵守规则意识。

◎ **活动准备：**

（1）每人一个篮球、一个雪糕筒，音乐和音响。

（2）运球能力较熟练。

◎ **游戏玩法：**

今天我们来玩一个游戏叫"你推我扶"。这个是什么啊？雪糕筒。我们来找两种动物一起玩这个游戏，一种是不喜欢吃雪糕的兔子，它把雪糕筒推倒；另一种是喜欢吃雪糕的猴子，它把雪糕筒扶起来。这两种动物开始玩"你推我扶"的游戏，当音乐停止的时候，所有的小动物都要停止推或者扶，回到场边，否则就会因为违反游戏规则而输掉游戏。每次我们来数一数是小兔子推倒的雪糕筒多，还是小猴子扶起来的雪糕筒多。最后我们还要增加难度，就是边运球边玩这个游戏。

◎ **组织形式：**

（1）幼儿平分为两组，一组当兔子，另一组当猴子，站在场边，雪糕筒分开摆放在中间。幼儿听着音乐徒手玩"你推我扶"，每次游戏结束可以请双方的幼儿自己应用数学知识来裁判输赢。

（2）边运球边玩"你推我扶"，增加游戏难度，音乐时间也相对加长，让幼儿充分练习"无视球"运球。

◎ **观察支持：**

"你推我扶"就是用手推和扶，不能用脚踢，音乐停，动作也要停，教师当裁判要严格执行游戏规则，因为遵守游戏规则也是教学目标之一，培养幼儿养成遵守规则的良好习惯；示范互相碰撞的情况，提醒幼儿如何避免与其他人相撞。

◎ **延展意图：**

初学运球的幼儿会习惯看着球，这个游戏的主要目的是逐步帮助幼儿提高运球动作技能，慢慢转化为自动化运球。幼儿的运球动作水平的提高有利于提高幼儿的篮球游戏水平，有利于教师组织更丰富的游戏内容，从而综合增强幼儿的身体素质。改变幼儿习惯用右手运球的情况，在游戏中逐步提高左手运球的能力，为今后开展篮球比赛打下防守与进攻的意识基础。

3. 绳子拉力赛

◎ **活动目标：**

（1）锻炼幼儿腿部、腰部肌肉力量。

（2）在新的玩法中思考如何稳定运球。

（3）提高竞赛意识，增强遵守游戏规则意识，发展社会性。

◎ **活动准备：**

（1）每人一个篮球，两人一条橡胶绳（或报纸绳）。

（2）熟练运球。

◎ **游戏玩法：**

两人一根橡胶绳或报纸绳，各持绳子一端，站成前后脚弓箭步于中线两边，另一手持球。比赛开始时，两人边运球边往后拉，谁先到达后面的目标区谁就获胜，先掉球或松手就算失败。当有人掉球或到达目标线时，双方必须喊停不动，每局比赛结束后重新回到中线再来比赛。

图4-3-2　绳子拉力赛

◎ **组织形式：**

（1）先以单拉报纸绳为例，让幼儿熟悉游戏规则和注意事项，学会自己判

定输赢，然后再组织下一局比赛。

（2）边运球边拉报纸绳，左手运球或右手运球，先由幼儿自己选择，再由教师规定用左手运球，提升幼儿左手的控球能力。

◎ **观察支持：**

教师要在课前讲明一些注意事项，如"不能故意松手"，"不要靠近周边的建筑物"，"如何使报纸绳不容易断"，等等。这个游戏的场地要宽大，软质地胶为佳。教师在巡视的时候也要注意提醒幼儿，避免发生摔伤、撞伤事故。帮助幼儿调整用左手运球比赛。

◎ **延展意图：**

改变幼儿习惯用右手运球的情况，在游戏中逐步提高左手运球的能力，为今后左右手轮换运球打下基础，为开展篮球比赛打下防守与进攻的意识基础。

4. 运球走平衡木

◎ **活动目标：**

（1）发展幼儿的控球能力和平衡协调能力。

（2）思考如何在平衡木上控制好球。

（3）培养幼儿敢于挑战困难，专注学习的品质。

◎ **活动准备：**

（1）每人一个篮球，高15厘米和高20厘米的平衡木。

（2）能熟练走平衡木和运球。

◎ **游戏玩法：**

利用平时常玩的平衡木，增加游戏的难度，走在平衡木上练习各种方式的运球，可以有右手或左手运球侧身走、向前走、倒退走，也可以双手同时运双球练习。

◎ **组织形式：**

（1）幼儿两脚左右开立站，在平衡木上侧身走，边走边运球。

（2）幼儿两脚前后站，在平衡木上正身向前走，边走边运球。

（3）幼儿两脚前后站，在平衡木上倒退着走，边走边运球。

（4）如果幼儿会双手运双球，可以让幼儿边走边运球向前。

◎ **观察支持：**

教师提醒幼儿在平衡木上不要急着走，先稳定运球后再往前慢慢走，同时也要站在幼儿旁边帮助和保护。前后两个幼儿要保持一定的距离，不要互相干扰。教师可以根据幼儿掌握的程度调整平衡木的高度，让幼儿勇于挑战。

◎ **延展意图：**

运球动作与其他器械、运动项目结合起来，为今后综合性的篮球活动奠定基础，综合发展幼儿的身体素质，逐步扩大游戏的范围，丰富游戏的内容，逐渐实现全园性幼儿小篮球运动教育课程真正的教育目标与理念。以篮球为载体串联其他运动项目来实施幼儿园运动教育的综合性课程，促进幼儿身心全面发展。

图4-3-3　运球走平衡木

5. 骑马运球

◎ **活动目标：**

（1）增强幼儿控制自己的注意力和控球的能力。

（2）培养幼儿的合作意识，思考如何解决骑马运球问题。

（3）培养与伙伴协作玩游戏带来的愉悦情感。

◎ **活动准备：**

（1）软质平整干净的地板，每人一个篮球。

（2）学会架空骑马，运球能力较好。

◎ **游戏玩法：**

这是一个协作性运球游戏，两人一组，一个手膝爬当作马，另一个来运球骑马，骑马人一手抓马的衣领，一手在体侧运球，两腿必须撑开架空走路，臀部不能碰到马背，两人合作边运球边走路线，也可以小组比赛。

图4-3-4 骑马运球

◎ 组织形式：

（1）幼儿两人一组，徒手不运球玩骑马游戏，轮换角色练习。熟悉不坐马背走路，先熟练配合，协调动作。

（2）幼儿两人一组，增加游戏难度，玩骑马运球游戏，轮换角色练习。先熟练配合，协调动作，看谁配合得最好。

（3）等幼儿骑马运球达到动作熟练、配合有默契的程度，可以组织幼儿分小组比赛。

◎ 观察支持：

在游戏前，教师要讲解如何做到不用力坐到马背上，讲明坐上去会令下面的好朋友受伤，只能靠自己两腿走路，不能真的坐上马背。先让幼儿徒手练习骑马，教师逐个指导防止危险发生。教师指导幼儿如何保持相同的前进速度，有的幼儿开始会很着急地向前爬或走，两人不会互相等待，配合不默契。教师还要提醒运球的人不要踩到下面幼儿的手，运球时球是放在体侧的。

◎ 延展意图：

丰富小篮球游戏内容，使幼儿对学习篮球更加感兴趣，既能在多种多样的游戏中提升自己的运球动作能力和身体综合素质，又能学到如何与伙伴合作、交往，解决遇到的问题和困难，在游戏中获得快乐、知识与技能。

6. 球宝宝换戴帽子

◎ 活动目标：

（1）学习左右手体前交换运球动作。

（2）强化幼儿左手运球的能力，在游戏中思考如何更好地控制球。

（3）培养幼儿的篮球学习兴趣，在游戏中获得快乐。

◎ **活动准备：**

（1）每人一个篮球。

（2）右手运球能力较好，达到动作熟练自如。

◎ **游戏玩法：**

球宝宝有顶帽子，喜欢轮换戴着玩。幼儿两脚左右开立，膝盖微屈，运用帽子式运球的方法玩这个游戏，右手给球宝宝的正上方戴好帽子按拨下去，手臂用力后伸直自然下垂，同时，左手赶快在右手的起始位置作帽子状等待球，接着换成左手来戴帽子，连续轮换戴帽子。配上节奏感较强的音乐。

◎ **组织形式：**

（1）先让幼儿练习左手给球宝宝戴帽子，熟练左手运球。

（2）左右手轮换戴帽子，教师指导与帮助。

（3）听音乐练习左右手轮换给球宝宝戴帽子，球上下垂直运动，先原地玩，再边走边玩。

（4）增加难度，通过手指拨球左右变向，使球左右摆动改变反弹方向，先原地玩，再边走边玩。

◎ **观察支持：**

（1）有的幼儿是用按球的两侧来改变球左右方向的，教师可以演示这个错误动作造成的后果，让幼儿明白这样做会使球向旁边跑。因此，开始玩这个游戏时，教师就要强调手始终是在球宝宝的正上方戴帽子的，先不要让球左右变向，只练习上下垂直反弹方向，然后再引导幼儿用手指按拨球左右摆动。

（2）有的幼儿手按拨球后，手往身后收缩、举高或放在胸前不动，这样不利于幼儿做下一个动作，影响运球的节奏。手臂用力后伸直自然下垂，有利于左右手轮换，衔接紧凑。要提醒幼儿手臂用力后要放在胯下休息。

◎ **延展意图：**

加强幼儿左手的运球能力，平衡左右手运球水平；同时，也练习体前换手变向运球。幼儿运球游戏水平的提高，有利于丰富幼儿篮球游戏内容和形式，为今后学习摆脱防守打下基础。

图4-3-5　左右手轮换戴帽子

7. 球宝宝喜欢的帽子

◎ **活动目标：**

（1）学习单手体前左右变向运球动作。

（2）强化幼儿运球的能力，在游戏中思考如何更好地控制球。

（3）培养幼儿的篮球学习兴趣，在游戏中获得快乐。

◎ **活动准备：**

（1）每人一个篮球。

（2）运球能力较好，达到动作熟练自如。

◎ **游戏玩法：**

球宝宝将最喜欢的一顶帽子戴得很紧、很稳，一会儿戴在左边，一会儿戴在右边，左右摆动都不会脱落。以右手为例，给球宝宝戴帽子，从右边将球推拨到左边，右手一直紧跟球不离开，当球在左边反弹起来时，右手反手腕刚好给球戴好帽子，再将球拉拨反弹到右边回到开始动作，这样重复推拉完成左右变向运球动作。

◎ **组织形式：**

（1）将球放在身体左边的地上，用右手反手腕给球戴上帽子，向右边拉过来，手始终戴好帽子不离开球，然后从右边将球向左边推去，重复推拉，使球在地面上来回滚动，学习和观察体前左右变向运球时手部动作的情形。

（2）幼儿分开练习单手体前左右变向运球动作，教师进行个别辅导。

（3）配上《小苹果》音乐进行练习。

◎ **观察支持：**

初学者幼儿会出现手部离开球面、手腕没有翻腕、左右摆动变向的幅度不够等情况，教师要进行讲解和示范，并按住幼儿的手背一起练习。

◎ **延展意图：**

加强变向突破过人的运球能力，提升幼儿变向躲闪运球的能力。幼儿运球游戏水平的提高，有利于丰富幼儿篮球游戏内容和形式，为今后学习摆脱防守打下基础。

图4-3-6　地上左右推拉球

图4-3-7　站立左右推拉球

8. 穿好纸衣

◎ **活动目标：**

（1）增强幼儿运球快速跑的能力。

（2）在游戏中，学会控制自己的身体解决问题，在失败中总结经验。

（3）体验体育游戏带来的快乐，释放自己的情绪。

◎ **活动准备：**

（1）每人一个篮球和一张报纸，空旷平整的场地或篮球场。

（2）能边运球边走路或跑，运球能力比较熟练。

◎ **游戏玩法：**

幼儿两手打开报纸贴在胸前，一手按住报纸中间，另一只手运球，边运球边向前奔跑的同时放开按住报纸的手，想办法使报纸不掉下来，能从场地的一端跑到另一端并且保持报纸不掉算挑战成功。靠风吹的力量压紧报纸，速度越快，报纸越不容易掉。

◎ **组织形式：**

（1）先把报纸贴在手臂上向前奔跑，看看报纸会不会掉。

（2）练习把报纸贴在胸前向前奔跑，想办法使报纸不掉。

（3）先复习运球快速奔跑，再将报纸贴在胸前运球快速跑，保持报纸不掉。

◎ **观察支持：**

这个游戏有一定的难度，教师应该先让幼儿不运球尝试练习。孩子起初练习时，报纸容易掉，可以提醒幼儿先用手按住，等跑起来后再松开手。贴报纸运球跑这个游戏要让幼儿多次尝试和练习，使幼儿能在失败中总结经验，努力后获得的成功会使幼儿更加有成就感。幼儿练习快速跑之前，教师要示范如何避免碰撞或避开其他小朋友，以免撞伤。

◎ **延展意图：**

这游戏里面也含有科学知识内容，就是速度与风的阻力关系，这个知识点可以在幼儿多次尝试后，老师和幼儿一起讨论，帮助幼儿梳理经验。在运球动作方面的目的是激发幼儿运球快速跑的动力，运球跑动作熟练后，有利于今后开展更多更丰富的游戏内容，逐步使幼儿人球合一，可以自如地边运球边玩其他运动项目和器械，如"运球助跑跨跳垫子"。

图4-3-8　穿纸衣运球跑

9. 愤怒的小鸟

◎ **设计意图：**

利用幼儿喜欢玩手机游戏《愤怒的小鸟》的心理，根据本园的场地和器械的现有条件来设计小鸟闯关游戏及其情节，在游戏中让幼儿运用平时所学的跳高台、跳蹦床、纵跳摸高等运动技能来玩游戏。同时，在游戏中将头上投掷运动技能游戏化，形成"戏中戏"教学课程。将游戏活动与教学活动结合在一起，让幼儿在实践中亲身体验小鸟的机智、勇敢，在活动中学会解决解救小鸟的问题，初步掌握投掷运动技能的动作要领；让幼儿在快乐游戏中巩固运动能力，提高幼儿的身体素质。

◎ **活动目标：**

（1）初步使幼儿掌握投掷运动技能的动作要领，巩固幼儿的运动能力，提高幼儿的身体素质。

（2）培养幼儿机智、勇敢、协作、乐于助人等优良品质。

（3）培养幼儿遇到问题时善于思考的习惯，引导幼儿学习解决问题。

◎ **活动准备：**

材料准备：篮球及吊盆24个、小鸟头饰24个、牛奶罐40个、高椅子一张、10cm高踏跳箱一个、羽毛球网一张、平衡木两个、斜坡木箱一个、愤怒小鸟贴纸奖品40张、音乐、录音机。

◎ **活动组织：**

（1）引入故事情节：小鸟们早上起来在树林里抓虫子时，有一些小鸟被绿猪抓走了，可怜的小鸟们被关在一座魔法城堡，愤怒的小鸟们一路要通过难关，想办法找到炮弹，用弹弓发射炮弹摧毁城堡，打破牢笼救出自己的同伴。

① 放森林早晨的鸟叫声，有如身临其境。

② 放改编音乐做小鸟抓虫的热身操。

③ 告诉幼儿：刚才有一些小鸟被绿猪抓到对面的城堡里，引领幼儿带上头饰进入角色，说："我们一起想办法去解救小鸟们吧！"

（2）分组讨论与实施办法

① 教师抛出问题一：去解救小鸟的路上会有一些障碍，我们要将平时学到的本领用上。有三条障碍通道，每个障碍物都不一样，有过小河的平衡木，有烂泥潭的蹦床，有悬崖的高台，有机关的木箱，这些都会用到小朋友们平时学习过的运动技能。

② 教师抛出问题二：小鸟被关在铁罐里，我们要用什么办法才能打开？

城堡前面还有一张电网，别碰到，小心触电。游戏规定幼儿不能直接用手去救小鸟，只能通过跳木箱、跳蹦床、跳高台来打掉哨兵，拿篮球作为炮弹瞄准铁罐，救出小鸟。

③ 针对这些问题分组讨论，再实施讨论出来的办法。引导幼儿学小鸟用弹弓来发射炮弹，看看谁的弹弓射得更远。幼儿会尝试各种投掷动作，有胸前发射炮弹、头上发射炮弹、肩上发射炮弹、腹部抛射炮弹等。

（3）引导幼儿学习游戏化的头上投掷动作

① 点评幼儿的各种投掷方法，讨论哪种方法更像愤怒小鸟的弹弓，引入课程新内容。

② 引导幼儿模仿弹弓，将身体变成一把弯弯的弹弓，而且有两种弹弓方法。

③ 引导幼儿观察哪种方法发射出去的炮弹更远。

（4）活动放松

◎ **延展意图：**

这是综合性的篮球游戏活动，而非单一的某个运动技能的学习，无论是跳木箱、跳蹦床、跳高台还是投掷篮球，都含有运动技能游戏化的教学方法，在幼儿跳起、投掷完成游戏任务的同时也学习了运动技能，在玩中学，在玩中交流，实现三个维度的教学目标，从而促进幼儿全面发展。

图4-3-9　头上发射炮弹

10. 大钟摆

◎ **设计意图：**

大班幼儿在初学接球的时候很害怕接空中飞来的球，幼儿经常是后退、头后仰、闭上眼、手挡球，传球的幼儿或教师不懂得控制力度，球快速撞到对方的鼻子，甚至受伤流血，或者幼儿双手掌心向上接球抱到胸口，结果球很大力地直接撞到胸口，容易出安全事故。创设大钟摆游戏是为了解决以上的问题，为幼儿学习篮球传接球提供一种安全有效的辅助练习，使其在快乐的游戏中慢慢地掌握传接球的动作技能，为今后学习传接球动作打下基础。同时，也将幼儿园大量的破旧、漏气的篮球变废为宝，充分利用。

◎ **活动目标：**

（1）初步了解传接球动作，发展幼儿身体动作的灵敏性。

（2）判断接球合适时机，集中注意力思考如何躲闪。

（3）体验游戏乐趣，培养幼儿良好的学习品质。

◎ **活动准备：**

（1）两人一个破旧漏气的篮球、一个球网袋、一根吊绳。

（2）场地有棚架可吊球，球离地面的高度是大班90cm（中班80cm，小班70cm），球的高度控制在幼儿胸部，吊绳之间距离3米以上。

◎ 游戏规则：

大钟摆游戏是用装篮球的网袋将球吊在棚架上当大钟摆，两人站在钟摆两边相距3米左右，大钟摆动作与篮球胸前传接球相似，前后脚分开站，两手五指自然分开握球侧后方，掌心贴住球面（与成人掌心空出的区别），两肘自然弯曲于体侧，将球置于胸前，两眼注视传球目标，身体成基本姿势。传球时，两臂像推门一样前伸推开，把大钟摆推给对面伙伴。接球队员以一样的姿势站立，双手五指分开向前伸，主动迎球并抱住球，保护自己不被球撞到。

◎ 组织形式：

（1）先让幼儿自由玩，一人玩也行、两人玩也行、三人玩也行。按自己的玩法、想法去适应和感受球的摆动规律，甚至感受被瘪气的篮球撞击的感觉，体验球的转动、摆动需要多大力度，思考如何躲避球的撞击，体验如何接住来球。提醒幼儿不要用力拉扯球，否则绳子会断。

（2）两人一组站在球两边相距3米左右（距离逐步调近至2米左右）玩胸前大钟摆游戏，简化动作讲述，两手握着钟摆后两侧放在胸前，像推门或推车一样向前推，大钟摆来的时候两手掌分开伸手去接钟摆，记得思考如何控制推钟摆的力度和大钟摆的速度；记得不要用手指尖对着球，否则会插伤手指。

（3）三个人或两人背对背站在钟摆的位置，一个人先把球向斜前方推出，使球旋转起来摆给另一个伙伴接住，下一个伙伴再把球推出，连续这样玩。提醒幼儿注意力要集中，要学会合作，保护队友不要被大钟摆撞"晕"。

◎ 注意事项：

（1）篮球必须是已经漏气的、瘪气的、软质皮的，否则容易撞伤幼儿。

（2）吊球的高度要低于幼儿的胸部位置，否则容易撞到脸部。

（3）两个人的距离2~3米，不要靠太近，球摆过来的位置刚好在胸前，否则容易撞到脸部。提醒幼儿根据球摆的高度自己调整距离。

（4）吊球间隔至少在3米，越宽越好，防止互相撞到脸部。

◎ 观察支持：

（1）吊着的篮球摆动速度相对于空中传来的球的速度要慢，而且它的运动轨迹和规律是固定的，幼儿有充分的时间做出预测、判断和相应的反应。幼儿自由玩的时候有的是拍打球，有的是单手甩拨球，有的是双手推拨球，有的是旋转球，有的蹲下、低头躲闪球，有的用手挡住球，有的蹲着、坐着玩等等，能够满足幼儿的创造性思维的发展和注意力的培养。幼儿的注意力必须集中，本能地做出反应躲开来球，教师鼓励幼儿用手去接球。

（2）小班幼儿自由玩的时候，老师没有做出任何指令，幼儿见到吊球就很欢快地、兴奋地跑过去推拨球。由于小班幼儿还不懂分享和合作，开始有的幼儿是一个人在玩，有的是两个人或三个人一起玩，有的没有球玩。但吊球的数量有限，没球玩的幼儿开始思考如何与他人一起玩，而那些一个人玩的幼儿过一段时间后玩得没劲，他们也在思考接纳别的伙伴了。过一段时间，大部分幼儿都有伙伴一起玩了。如果有个别幼儿没有伙伴玩，老师要引导幼儿轮流玩游戏，避免发生争抢。

（3）在两人对玩大钟摆时，教师主要是观察幼儿是否掌握接球动作和接球时机，可以针对性帮助幼儿修正，使其养成一个正确的传接球习惯。

（4）在这个游戏中，幼儿还是喜欢自己自由玩，自由创作玩法。因此，教师在教授两人对玩的动作后，尽量让幼儿自主选择玩法，自己组合、自己定规则，老师在旁边指导。

◎ **延展意图：**

创设大钟摆游戏目的是为幼儿学习篮球传接球提供一种安全有效的辅助练习，助其克服接球时产生的恐惧心理，在快乐的游戏中慢慢地掌握传接球的动作技能，为今后学习传接球动作打下基础，满足幼儿身体、智力、情感、社会性和学习品质的发展需求。同时，也将幼儿园大量的破旧、漏气的篮球变废为宝，充分利用。大、中、小班的幼儿都可以玩，不同年龄的要求不一样：小班侧重球感练习，能推球、拨球，能手眼配合主动伸手挡住来球；中班、大班的幼儿要求能伸手接住来球，这些都是为今后学习传接球奠定基础。

图4-3-10　单人练习

图4-3-11　双人练习

图4-3-12　背对背玩

11. 请你吃东西

◎ **活动目标：**

（1）增强幼儿急停抱球和击地传接球的控球能力。

（2）培养幼儿的合作意识，思考如何移动传接球。

（3）培养幼儿热爱家乡饮食文化的情感。

◎ **活动准备：**

（1）两个人一个篮球，音乐和音响。

（2）运球能力较好，能边运球边走。

◎ **游戏玩法：**

两人一组面对面相距4米前后脚站，五指自然分开，握球的后侧方，屈肘于胸前，传球时双手翻腕向前下方伸直两臂推拨球击地，落地点在两人的中间点，同时不重复地说出一种家乡食物，例如"我请你吃肉丸"；接球时，五指分开掌心对着来球，主动伸手去迎接来球，接球后屈肘于胸前。教师不用讲解这些专业术语，只要告诉幼儿如何接球于胸前，再像推开门一样用力向前下方推就可以。

◎ **组织形式：**

（1）两人原地玩这个游戏，只做传接球，同时不重复地说出一种食物。

（2）两人原地运球三次再传接球，同时不重复地说出一种家乡的食物。

（3）一个人边运球边向前走三步再传球，同时说出一种圆形食物；另一个人边往后退三步边接球，重复地玩这个游戏。

◎ **观察支持：**

观察幼儿用力的动作，有的幼儿可能是只单手用力，有的传球时是抬高球往地上砸球，有的幼儿腕关节没有用力推拨球，只用肘关节用力送球，有的幼儿没有前后脚站，将后腿的蹬地力量用上等，教师要针对这些现象采取相应的支持策略帮助幼儿改正过来。同时，幼儿两人一前进一后退配合开始不是很协调，教师要鼓励幼儿放开动作，大胆运球。

◎ **延展意图：**

（1）为幼儿今后学习高球传接球打下基础，提升幼儿动作技能水平，从而提高幼儿篮球游戏水平，使幼儿有更多的机会玩更丰富的篮球游戏；

（2）在游戏中融入生活美食、家乡的饮食文化，让幼儿在玩游戏中对话、交往、认识家乡从而发展幼儿的社会性，促进幼儿整体性发展。

图4-3-13　请你吃东西

12. 偷蛋鼠来了

◎ **活动目标：**

（1）初步学习行进间传接球，掌握基本动作。

（2）培养幼儿良好的合作意识、注意力和学习能力。

（3）培养幼儿热爱体育活动的兴趣。

◎ **活动准备：**

（1）两人一个篮球，篮球场。

（2）幼儿要掌握击地传接球动作和高传球接球动作。

◎ **游戏玩法：**

这是大班幼儿的游戏，在篮球的一端放着装篮球的车，篮球当大鸡蛋，两个幼儿当偷蛋鼠，左右分开2米，另一个人当小猫，两只老鼠将大鸡蛋偷运到篮球场的另一端就算偷蛋成功，老鼠边运球走边传接球，小猫负责拦截偷蛋鼠，抢回大鸡蛋。当小猫跑过来抢鸡蛋时，老鼠赶紧将鸡蛋传给另一只老鼠。

◎ **组织形式：**

（1）先是两只偷蛋鼠练习传接球，并排站，边走边击地传接球，不用运球。

（2）偷蛋鼠运球三次后再击地传球，并排加快速度跑起来。

（3）偷蛋鼠两人边运球跑边高传球、接球，并排加快速度跑起来，将大鸡蛋偷运到篮球场的另一端，小猫负责拦截偷蛋鼠。

◎ **观察支持：**

幼儿高传球、接球动作的学习必须循序渐进，逐步提高，否则容易撞伤幼儿的鼻子。如果有个别幼儿还不能接空中来球，就要安排此幼儿用击地传接球动作来玩游戏。提醒幼儿眼睛要一直盯紧篮球，小心来球并及时做出接球反应动作。

◎ **延展意图：**

这个游戏是在《大钟摆》《请你吃东西》两个活动的基础上进行的，只有前期动作熟练才能更好地完成这个游戏。《偷蛋鼠来了》也是为今后幼儿进行小小篮球比赛打下动作技术基础，只有很好的传接球配合，才能开展小小篮球赛活动。

13. 打败光头强

◎ **活动目标：**

（1）初步学习三步上篮起跳动作，提高幼儿手、脚、眼配合协调能力。

（2）培养幼儿的投篮兴趣，增强幼儿参与篮球运动的积极性。

（3）探索自己身体协调控制方式，模仿修正自己的动作。

◎ **活动准备：**

（1）平衡木两个、小踏板两块、篮球架两个、雪糕筒6个、跨栏架6个，光头强图片四张。

（2）学习运球跑、原地投篮动作、运球跨跳、运球走平衡木等。

◎ **游戏玩法：**

光头强以前是个大坏蛋，整天砍伐森林，破坏小动物们的家园。今天我们要帮助小动物们保卫家园，将光头强打败，赶跑光头强。我们可以用篮球当炮弹来打光头强，要怎么才能打到光头强呢？我们先学习一下这个跳起开炮的本领。这个本领叫作"运球踏跳投篮动作"：运球助跑到小踏板前右脚踩在踏板前的地上，同时抱球于胸前，左脚跟着向踏板踏出一小步，用力蹬板起跳腾空，双手前伸做胸前投篮，瞄准贴在篮球架上的光头强投篮，落地时双脚并排自然地做缓冲动作，由慢动作向连贯动作过渡练习。

◎ **组织形式：**

（1）原地徒手练习纵跳起跳动作，右脚向前迈出一大步，左脚跟着向前踏出一小步用力蹬地跳起，同时右臂向上伸直，抬头向上看，右腿摆起位于体前，落地时自然地做缓冲动作，由慢动作向连贯动作过渡练习。

（2）练习徒手助跑踩踏板纵跳摸高动作，先由两米远的地方慢跑踩踏板起跳做动作，再从四米远的地方助跑，踩踏板起跳拍打吊在空中的光头强图片，动作与前面一样，先分两组练习。

（3）追打光头强时要经过很多障碍物，首先是要运球走过平衡木，快速绕过雪糕筒，再快跑跨跳过跨栏架，最后抱球助跑踩踏板起跳投掷篮球。重复玩这个游戏。

◎ **观察支持：**

幼儿的起跳动作有的是双脚踩上踏板跳起的，教师要慢动作示范讲解给幼儿，让幼儿先原地用左脚踩踏板再跳出去，重复练习几次，当幼儿习惯了单脚踩跳后再加上快跑踩跳，鼓励幼儿放松、大胆、快跑连续地起跳。有的幼儿投篮时不会翻手腕，动作没力度、没准度，教师要帮助幼儿及时纠正。有的幼儿是抱球走再起跳的，或抱球太早，教师这时不要过于强调动作的准确性，只要

提醒幼儿到达踏板前再抱球就可以，这个游戏的关键是懂得踏板起跳。

◎ 延展意图：

主要是为今后学习三步上篮动作打基础，使幼儿懂得单脚跳起投篮这个动作，今后的学习可以将踏板换成薄垫子，再将垫子改换成画在地上的圆圈，逐步将起跳的辅助材料撤掉，过渡到实际动作；同时通过"打败光头强"篮球游戏激发幼儿学习篮球的兴趣，通过运球整合器械进行走、跑、跳、投等动作来促进幼儿身体素质综合发展，巩固幼儿学习过的动作，使幼儿更早地自主组织篮球游戏。

14.小小篮球运动员

◎ 设计思路：

大班级幼儿学会了运球和两人传球及投篮等基本动作，并初步尝试了让幼儿分组进行篮球比赛，在比赛中发现幼儿两人以上配合传接球、队友意识、进攻目标意识等有所欠缺，因此，在设计这一活动时把以上问题作为重点和难点来研究，并通过四散练习、投篮比赛等促进幼儿肌体的发展，培养幼儿团结合作的能力。

◎ 活动目标：

（1）促进幼儿篮球基本动作和身体灵敏性的发展。

（2）培养幼儿团结协作的能力和集体精神。

（3）培养幼儿在游戏中的判断力、思考力和观察力。

◎ 活动目标：

（1）幼儿人手一只篮球，白黄队球衣各3件、5分钟音乐、记分牌。

（2）幼儿要掌握击地传接球动作和高传球接球动作。

◎ 游戏玩法：

幼儿6人分成白、黄队进行比赛，教师当裁判站在场地中央，将篮球往上抛，接到球的"运动员"用运球及传球的方法将球投进对方的篮筐，投进得2分，得分多的队为胜。不能抱着球跑；防守抢球一方不能拉人、推人、撞人等；比赛时间控制在5分钟，音乐停止就结束比赛，换另外一批幼儿玩。

◎ 组织形式：

（1）先请6位能力较强的幼儿分成两队示范玩，5分钟结束比赛，控制好比赛的运动量和节奏，不要太激烈。

（2）换成另外6位幼儿进行比赛，将能力水平相当的幼儿分成两队进行比赛。

◎ 观察支持：

有的幼儿会进攻错方向，教师可以及时提醒；有的幼儿不会传球，教师也可以指导一下，告诉他如何更快速地运球篮球架边。幼儿开始会围着球抢，教师也要指导一下如何一对一防守，以免撞伤。控制好幼儿的运动量，不要超过5分钟，观察幼儿的面色、出汗、呼吸等状况，及时做出判断是否运动负荷过大。观察幼儿的动作是否太粗暴、速度快制动差，及时提醒和制止，以免撞伤。

◎ 延展意图：

以竞赛游戏提升大班幼儿的篮球运动兴趣，营造幼儿园的篮球文化氛围，创造幼儿在幼儿园的共同话题，增加幼儿之间的交流，带动中班级、小班级幼儿的参与篮球活动的积极性；也有利于篮球社团的组成，为成员的选择提供参考。中班级、小班级幼儿也可以用这种形式开展低水平的比赛，只要求幼儿抱球跑，将篮球放进纸皮箱里。

图4-3-14　大班小小篮球比赛

附　录

幼儿体育活动中运动技能教学游戏化的初探

随着幼儿园的专职体育教师的增多和更多的专业知识研讨会的开展，在教学方法和教材内容方面的一些争议问题也增多了，如"幼儿体育到底'姓体'还是'姓游'""幼儿园要不要注重幼儿运动技能的学习"等。现今有些幼儿园担心发生安全事故，有难度的运动不敢碰，或者不知如何开展教学，幼儿体育活动普遍采用将某个运动动作安排在游戏里玩的体育游戏形式，而非技能教学。长此以往，幼儿所掌握的运动技能过于简单、贫乏，运动潜能没有得到充分的挖掘，会错过幼儿的掌握技能的"敏感期"。因此，笔者试图从"玩游戏"和"运动技能学习"两者之间寻找平衡点，寻找合适的方法，解决"体育"与"游戏"两者之间的矛盾。

一、问题的提出与分析

据笔者近十年来对国内幼儿体育教学活动进行的观察研究，发现幼儿园体育活动内容选择的取向仍存在一些问题。

（一）将体育活动完全当成游戏活动，弱化了体育运动技能的培养

运动技能的掌握程度体现了幼儿动作的质量、协调性、灵敏度、科学性等，体现出幼儿的总体运动素质水平的高低，关系到其他运动项目的掌握程度。很多教师认为体育游戏是一种游戏，在创编体育游戏时偏重于游戏，动作过于简单，注重游戏的形式多样，而忽视体育运动技能的注入，长期如此，幼儿的运动潜能将无法得到挖掘。

（二）公开观摩活动忽视了"玩中教"与"玩中学"的结合运用

这种观摩活动通常都是以故事化、情境化游戏与器械类体育运动融合的一种综合复习课。游戏课大多是重复幼儿已有经验的运动技能，没有新内容的

教学。有的是以高难险动作或诙谐逗笑的方式博得大家的喝彩，使在场观摩的大多数非体育教育专业的"外行"教师很想了解游戏过程中幼儿所掌握的难度动作是如何学到的，教师如何操作才是安全的、科学的。一节示范性的公开观摩课，它的影响力很广大，其实就是标准教学方式的宣传途径。很多幼儿园的"外行"教师都会效仿，但他们只知其一，不知其二，很容易走向极端。既然是"体育活动课程"，就要从课的结构、任务、形式来体现"学"与"教"，要做到"玩中学、玩中教"，让幼儿学习新内容、新运动技能，而不是单一地让幼儿"玩"和"演练"。

（三）幼儿体育教育仍存在单一的运动技能教学方式

传统体育教学模式过分追求运动技能的系统性与完整性，甚至进行成人化的学与练，教学过程显得枯燥乏味，过度强调动作要领，而幼儿理解力弱，导致学习兴趣很低。

二、幼儿园体育教学的任务及运动技能游戏化教学

幼儿园体育教学任务之一："向幼儿传授粗浅的运动知识和技能，发展幼儿智力"[①]，而不是进行深广的运动技能学习。如果教师不能明确体育教学的任务，在体育游戏课中对内容的安排就容易产生偏差，有可能偏向"纯体育"或偏向"纯游戏"这两个极端。幼儿体育教学主要是通过体育游戏来实现的，它是教学中一项重要内容，是完成体育任务的基本方法。教师通常对体育游戏的理解是"在组织形式上采用游戏的课就是体育游戏课了"，这种理解忽视了"在教授运动技能时采取游戏化的方法"这部分。

根据1948年上海新华书店出版的《活教育》月刊陈鹤琴《活教育的教学原则》中原则十三："教学游戏化。这一条原则依据儿童好游戏、人们均好游戏的心理特点。利用这种心理特点，教师把教学游戏化，把枯燥无味的认字造句，化为兴致勃勃的游戏活动，就可以在做的过程中，培养学生兴趣，提高学习效率了。但在教学游戏化的过程中，要注意方法与目的的配合，注意给多数人活动的机会。"

---

① 桂景宣.体育教学法［M］.北京：人民教育出版社，1987.

综合以上幼儿体育教学任务和教学游戏化两种理论依据，笔者将"体育运动技能"和"游戏"两者融合在一起进行教学，试图探索出运动技能教学游戏化新的教学模式。"运动技能教学游戏化"是指体育活动中教师通过各种各样的游戏教学形式将某个运动技能的动作要领进行游戏化教学的方法。不要过分追求运动技能传授的系统和完整，不要过分强调技术动作的细节，运动技能的教学要"儿童化""趣味化"，让幼儿在游戏中学习基本的运动技能，养成运动兴趣。

三、运动技能游戏化教学的方法

（一）将运动技能动作要领转化为顺口溜的儿歌游戏

运动技能的动作要领都是用专业、严谨的文字表述的，教师讲解起来显得语气生硬、严肃，幼儿感觉无趣难记、难以理解。因此，教师可以根据幼儿的喜好兴趣、年龄特征和发展水平，将动作要领的专业术语创编成儿歌。儿歌的创编特点是：以短小游戏为基础，把动作技术要求降低、简化，提炼出关键动作要领的关键词；用词要口语化、儿化、简短顺口、诙谐押韵、易懂好记。

课例分析一，《小青蛙滚南瓜》：在小班幼儿学习运动技能前滚翻时，教师可以将动作要领的讲述编成简易的儿歌："小青蛙，顶呱呱，低头看天花（板），蹬脚滚南瓜。"这就将复杂难懂的动作转化为小青蛙滚南瓜的小游戏了。然后再边唱儿歌边做相应的动作："学青蛙双脚开立跳起、同时两手竖起大拇指，接着是低头从胯下往后上方看天花板，两手靠近脚前方撑地。最后用头的后半部分在两手中间触垫再蹬脚翻滚过去。"如图1所示。

图1 低头看天花板

这个动作如用专业术语讲述，就显得枯燥无趣，幼儿难以理解，甚至出现恐惧心理，完成效果很差。而将它游戏化后，动作显得简单易懂，幼儿只要低头看到天花板就基本能完成动作，并且感到很有兴趣、很开心，在游戏中不知不觉地学会了动作要领、消除了恐惧的心理，教学效果相当显著。

（二）将运动技能动作要领转化为器械辅助性游戏

由于幼儿身心发展水平较低，运动能力、理解力也相对较弱，因此，有些运动技能对幼儿来说，直接学习是有点难度的，但只要教师善于将运动技能进行动作分解，再借助辅助性器械或标志物来教授动作的重点难点，即将重难点动作降低难度当成游戏来玩，为完成完整动作做好铺垫，就能更好地帮助幼儿掌握运动技能。这个过程除了将运动技能教学游戏化，还将运动技能动作"儿化"，降低动作难度、增加趣味性，满足幼儿发展的需求。

图2　斜坡上滚南瓜

　　课例分析二，《小青蛙滚南瓜》之滚斜坡：由于小班幼儿在低头之后，空间方向感不够清晰，脚不知如何用力蹬地，难以翻滚过去，因此，教师可以借助斜坡来帮助幼儿完成动作。当幼儿在斜坡上低头看天花板时，幼儿会感觉人要向前倾倒，于是自然而然地踮脚发力翻滚过去，这样就实现了在斜坡上滚南瓜。初学者学习时，教师只要在旁边做好保护与帮助，提醒幼儿按儿歌的内容要求来做就可以了，如图2中的教师是非体育教育专业的，但经过简单的指导后，就能独自操作了。而且，当幼儿熟练这动作之后，此游戏可以放在另一个综合游戏中让幼儿独自练习。可见，辅助性器械的作用很大，运动技能的重难点在辅助器械帮助下变得简单易行了。

（三）将运动技能动作要领转化为直观的模仿游戏

　　模仿是幼儿最常用的学习方式，也是教师最常用的教学方式，动作被模仿的程度取决于教师的讲解和示范，取决于教师选择的模仿事物与运动技能是否相似、有趣，动作比喻是否恰当，是否适合幼儿年龄特征，是否能吸引幼儿主动模仿学习，如模仿动物奔跑、跨跳、跳远、滚翻、攀爬、投掷等都是比较直观的、有趣的直接模仿学习，幼儿掌握动作要领相对容易；还有比喻模仿学习的，如"帽子式"运球[①]，就是将幼儿篮球教学中的运球技能动作要领比喻成给球宝宝戴上帽子，"戴好帽子之后才用力按压球"，实现了将运动技能动作要领游戏化。

　　课例分析三，《愤怒的小鸟》：在活动中幼儿利用自己的身体模仿弹弓来完成头上投球的动作，如图3所示。幼儿两脚前后弓步站，拉弓的时候向后弯腰，两手握球于头部后上方，身体形成弓状。放手发射的时候用力是很突然的，要用爆发力。这种模仿既简单易懂，又有趣好玩，教师只需引导幼儿调整好弓的弯曲度和投射的高度，无须详细讲解动作要领，让幼儿自己去模仿、去摸索打中目标的好方法。

[①] 陈楚彬."帽子式"运球：幼儿篮球教学方式新探［J］.教育导刊，2010（4）.

图3 弓步后弯腰投射炮弹

（四）将运动技能的动作要领转化为游戏规则

教师根据幼儿容易出现的错误动作来设置新的游戏规则，设定游戏规则的目的是帮助幼儿纠正错误的动作。将动作要领的重点、关键环节简化为游戏规则里的要求，省略了难懂、烦琐难记的专业术语，让幼儿在游戏规则里不知不觉地掌握动作要领，纠正一些常见、易犯的错误动作，教师省时又省力，幼儿易懂又有兴趣。

图4 投沙包出手方向

课例分析四，《投沙包过网》：如图4所示，活动中将投沙包的用力方向和出手高度的动作要求，转化为投沙包过网这种简单的游戏规则。按照投掷动

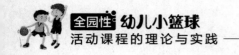

作要领，沙包出手的方向与水平面成45度左右为佳，但大部分幼儿投沙包的出手高度低于肩，沙包飞行轨迹没有形成抛物线，而是直接朝斜下方在体前两米左右处落地，投掷动作很不规范。幼儿投掷沙包时，眼睛总是注视着前方地面，是以前方地面为投掷目标的。教师在幼儿前方两米处拉一张高出幼儿身高30~50cm的羽毛球网，规定幼儿要将沙包从网的上方投过去才胜出，这时幼儿的投掷目标明确了，沙包的出手方向也自动调整到网的上方，动作也规范化了，教学效果显著，教师也省去讲解很抽象的沙包运行轨迹的课程了。

四、充分挖掘幼儿动作敏感期的运动潜能

婴幼儿阶段的运动能力的构成都是靠日常一些细小的活动进行微积累，并逐步完善与发展的，如果过多保护、限制或干扰，幼儿的运动潜能会受到扼杀，从而错过幼儿运动技能形成的敏感期，进而影响幼儿自身的发展，如滚翻本身就是动物界小动物之间最原始、最基本的嬉戏动作，动物小伙伴或亲子之间的这种玩耍、打闹动作为今后捕猎、避险等技能打下基础，是进行自我发展的途径。但这对当今的幼儿来讲却是惊险又神奇的动作，因为他们从出生开始就被限制了各种行为，他们的父母还认为那是在保护孩子，殊不知那是在扼杀幼儿的运动潜能。从《小青蛙滚南瓜》的游戏中观察到，幼儿学会翻滚前后判若两人，翻滚前很安静、很惊恐，翻滚后却兴奋万分、开心得手舞足蹈，觉得自己很神奇，居然能翻滚过去，自信心大增。幼儿能从运动中获得自信，这就是对幼儿运动潜能挖掘的结果，使幼儿不会错过运动技能形成的敏感期，还幼儿应有的运动技能。

综上所述，幼儿运动技能是可以通过适当的教学游戏化来实现的，观察幼儿的动作特点，创设适合幼儿认知水平的游戏，使动作要领简化、儿化、游戏化，做到"玩中学、玩中教"，将教学目标隐于游戏中。这样，教学任务更能被体现出来，幼儿也同样很感兴趣，教学效果更显著。

幼儿体育活动"戏中戏"教学模式的构建[①]

本部分从如何处理低结构化活动的幼儿"体育游戏"与高结构化活动的"运动技能教学"两者的关系出发，寻找两者之间的平衡点，在尊重幼儿以游戏为主的学习方式的同时提高幼儿的运动能力，实现幼儿游戏与教师教学的优化结合。以教学故事化的形式组织一个有完整情节的体育游戏，在情境体育游戏中融入运动技能教学游戏化，即游戏活动里有游戏，形成"戏中戏"教学模式。

一、国内研究现状述评

查阅《中文科技期刊数据库》及关于幼儿体育游戏的书籍、论著、文献资料，结果表明：所有文献资料都是以论述幼儿体育游戏的种类与意义、创编与实施、组织与指导、注意事项、特性与价值等方面为主。由此可见，目前国内对幼儿体育游戏的研究还是比较注重其组织形式的。这类体育游戏近几年来发展迅速，具有一定的价值，已经成为幼儿体育活动中的主体内容。但这类体育游戏只注重组织方式，以各种简单、已有经验的基本动作练习为主，发展幼儿身体素质。而挖掘幼儿可发展的动作潜能，确定幼儿动作技能的最近发展区，在幼儿体育游戏中融合运动技能教学游戏化的文献几乎没有。对于如何处理幼儿"纯体育游戏"与"运动技能教学"两者关系的文献资料也很缺乏，对于幼儿如何习得新的运动技能来丰富游戏内容和支撑新游戏的文献同样很缺乏，对

---

① 广东省东莞市基础教育科研"十二五"规划课题"幼儿体育教学'戏中戏'课程的实践研究（编号：2013GH486）"获东莞市优秀教育教学成果三等奖、广东省中小学教育创新成果三等奖。

幼儿体育活动教学三维目标的知、情、行论述的文献也较缺乏，教学上仍比较传统地注重教师的教法和教学的结果，而不关注幼儿的学习过程与方法。

二、当前幼儿体育教学中存在的问题的评析

在幼儿园课程游戏化的推广背景下，国内幼儿教育的重心从高结构化的学科教学转向了低结构化的游戏，大力提倡幼儿的自主游戏活动。可同时，幼儿园还要不要开展教学活动，成为很多专家争论的焦点，也成为普通教师非常纠结、困惑的问题。特别是年轻的教师，他们因经验不足、学识不足，因无法驾驭自主游戏活动的实施而感到彷徨。

笔者对国内幼儿体育教学进行观察研究，发现仍存在两极分化的倾向问题。在教学方法和内容方面存在一些争议的问题，如"幼儿体育教学到底'姓体'还是'姓游'""幼儿园现在还要不要注重幼儿运动技能的学习"等。而且争议双方各有各的主张，互不妥协，甚至有学者认为幼儿园学习运动技能有"小学化"的嫌疑。

1. 存在趋向纯玩耍体育游戏的极端问题

在近年来推广幼儿园课程游戏化的背景下，体育游戏在幼儿体育教学中得到深入开展和广泛采用，因为游戏成分强势注入，人们对幼儿体育活动产生了误解，有的教师用零碎的、互不相干的情景游戏来拼凑、堆积体育教学活动，看似游戏成分很多，其实是把时间浪费在每个游戏的组织上，增加了幼儿的学习负担，分散了幼儿的注意力，使其不能提取长时记忆中的有关学习的内容。有的教师认为体育教学活动是"放羊式"的纯体育游戏，是幼儿自由玩耍的游戏，但这种"纯粹自发的游戏可能产生负效应，负效应将反映出儿童受到游戏中消极因素的不良熏陶，强化儿童不良行为，甚至可能会产生对身心的伤害。同时，幼儿所获取的经验是零星的、不自觉的，其发展内容在方向上是盲目的。因而，缺乏指导的游戏，其发展价值的显现是处于游移状态的"，这两种情况都弱化了运动技能的学习。因为知识技能与情感态度的教学目标都不明确，幼儿在游戏中经常由于在技能上遇到困难或缺乏知识经验而导致中断游戏，从而影响幼儿整体的游戏水平。

2. 动作技能学习脱离体育游戏的组织

在体育活动的设计中，加入游戏成分，这貌似体育游戏，其实是将体育与

游戏两者分离，成为两个独立体，动作技能学习和教学还是传统灌输式教学，忽视了幼儿对知识来源的亲身体验。这并不是在运动技能教学中采用教学游戏化方法，游戏内容仅仅是为了营造气氛。这样的教学忽视了教学与游戏的内在联系，忽视了游戏有其教育和学习的功能。这与学科教学单一的知识技能教学无异，容易忽视幼儿的主观能动作用和师幼之间的情感互动。在传统知识技能重于能力素质的价值取向引导下，幼儿游戏在幼儿园的地位无论是在时间上还是空间上，显然是被压缩到最低的限度了。

"在开展幼儿园教育活动时，处理游戏与教学关系的策略和方式有无数种，如要加以归类，大致可以分为分离式、插入式和整合式三种类型。整合式是一种实现游戏与教学结合的高级形式，它将两种性质不同的活动有机糅合在一起，可最大程度地实现两种活动的不同价值。"因此，笔者企图将游戏与教学有机糅合在一起创设"戏中戏"教学模式，其目的有两种。第一，试图从"玩游戏"和"运动技能教学"两者之间寻找平衡点，寻找合适的方法，解决幼儿体育"教学"与"游戏"两者之间的矛盾和两极分化的问题，使教学既可以满足幼儿运动技能学习的需求，又能使幼儿在活动中体验到运动带来的乐趣，将教学目标隐于游戏中，能提高幼儿的运动能力和总体运动水平，提高幼儿游戏水平和身心发展水平。第二，试图建立起较为稳定的教学活动结构框架和活动程序，明确教学活动各个要素之间的功能与关系，为年轻教师在幼儿园课程游戏化背景下开展集体教学活动时提供参考和教学操作指南，也可套用这种教学模式于其他领域的教学活动。

三、幼儿体育活动"戏中戏"教学模式的构建要素

（一）幼儿体育活动"戏中戏"教学模式的定义

"戏中戏"的教学模式，是根据陈鹤琴教学法原则，在教学故事化游戏中采取教学游戏化诱导幼儿发现知识而建立起的较为稳定的教学活动结构框架，即"游戏活动里有游戏，简称'戏中戏'"。幼儿体育活动"戏中戏"教学模式通常是指以一个完整的故事情节为主线贯穿整个教学活动的情境体育游戏；身体活动内容始终围绕故事情节的发展而展开动作技能教学游戏化，启发幼儿获取运动经验。两种游戏属于同一个主题故事活动里的两个要素，故形象化地概括为"戏中戏"，是将教学与游戏两者融合、使二者互为生成的幼儿体育教

学活动。

（二）幼儿体育活动"戏中戏"教学模式的理论依据

1. 陈鹤琴教学法原则十四，教学故事化

"故事是儿童的一种重要的精神食粮。故事与儿童的情感有交流作用，使儿童的情感投射到故事之中；故事情节的神奇，能满足儿童的好奇心；故事能激起儿童的想象力，把儿童导入无限推论的境界之中；故事组织能完整，适合于儿童的学习心理。""以故事情节或某一主题活动贯穿于整个活动之中，身体活动的内容始终围绕情节的发展或主题的深入而展开。这种滑稽戏往往给予幼儿一定的角色，给幼儿一个完整的印象，提高了身体活动的连贯性，游戏性强，因此较吸引幼儿。"以完整的故事情节为主线贯穿整个活动的情境体育游戏更有教育意义，因为这不是拼凑的、孤立的、苍白的体育游戏，不是单一的动作练习，只体现趣味动作的单一兴趣点。教学故事化使所有的动作串成一条兴趣线，与孩子的童心产生共振，使活动更有生命力。

2. 陈鹤琴教学法原则十三，教学游戏化

这一条原则的依据是儿童好游戏的心理特点。利用这种心理特点，教师可把教学游戏化，培养儿童的学习兴趣，提高学习效率。"教学游戏化是教师利用启发式的教学手段，有目的地诱导幼儿进行探索活动，从而让幼儿自己发现知识，这一过程的组织形式是游戏和教学的转化。"在幼儿体育教学活动中将难懂的动作要领教学转化为幼儿易于理解的游戏，即动作技能教学游戏化，启发幼儿发现知识，从而使幼儿在游戏中获得学习的收获，体验到游戏般的乐趣。不要过分追求运动技能传授的完整性，不要过分强调技术动作的细节，运动技能的教学要"儿童化""趣味化"；要努力使幼儿在游戏中学习基本的运动技能，做到"玩中学"，将知识与技能的教学目标隐藏于游戏中。

（三）教育活动都是"游戏"和"教学"的不同程度的结合

华东师范大学学前教育与特殊教育学院的朱家雄教授在《幼儿园课程的一个基本问题：游戏与教学的关系》的系列论文中提到："幼儿园课程并非全然的'要教'或'不要教'，幼儿园课程之间的差别往往只是表现在'教师教学'与'幼儿游戏'在比例上的不同，幼儿园课程之'道'，就是'实现幼儿游戏与教师教学的优化结合'。""游戏和教学虽然不可相互替代，但是具有互补性，这两者最优化的结合，会使幼儿园教育变得更为完善，会从根本上改变'放羊式'的或者'灌输式'的教育。"这些是幼儿体育教学故事化的情境游戏与运动技能教学游戏化相结合的依据。体育活动承载着增强幼儿体质的重要任务，因此，"戏中戏"体育活动侧重于运动技能的教学和练习，重复的动作体验才能达到一定的运动量，而不是偏重于幼儿的表演艺术、语言表达和教师的精彩讲述。教育是相通的，只要依据的理论和方法正确，"戏中戏"教学模式的理念同样可以延伸到其他领域进行运用。

综合以上所述的理论依据而创设的"戏中戏"教学模式，无论是教学故事化，还是教学游戏化，这两者都属于情境教学法，情境教学法能使幼儿身临其境，激发幼儿的学习情绪和学习兴趣，使学习活动成为幼儿主动的、自觉的活动；通过给幼儿展示鲜明具体的形象（包括直接和间接形象），可以使抽象的知识具体化、形象化，有助于幼儿感性知识的形成，该模式经笔者实践证明已经取得较好的教学效果。如中班"狼来了"的体育活动中让幼儿扮演小羊，幼儿既可以在动作教学游戏化中学习助跑跨步跳，发展走、跑、跳、躲闪等动作技能，还可以亲身体会到放羊娃说谎带来的后果，全面发展幼儿的整体水平。将经典寓言故事融入、呈现在整个体育活动中，引发幼儿的学习动机，提高了身体活动的连贯性，便于幼儿理解和记忆，利于幼儿经验的持续累加。幼儿通常在下课前都会表现为"这么快下课啊！还想玩"，活动后还会讨论故事里的人和事。

（四）幼儿体育活动"戏中戏"教学模式的教学目标

2016年教育部颁布的新《幼儿园工作规程》中第二条："幼儿园是对3周岁以上学龄前幼儿实施保育和教育的机构。幼儿园教育是基础教育的重要组成部分，是学校教育制度的基础阶段。"2001年6月8日教育部印发的教基〔2001〕17号《基础教育课程改革纲要》文件指出："基础教育课程改革的具体目标：改变课程过于注重知识传授的倾向，强调形成积极主动的学习态度，使获得基础知识与基本技能的过程同时成为学会学习和形成正确价值观的过程。"课程标准应体现国家对不同阶段的学生在知识与技能、过程与方法、情感态度与价值观等方面的基本要求。因此，"戏中戏"教学模式的教学目标也是以"知识与技能、过程与方法、情感态度与价值观"三维目标为创设导向，与模式的理论依据有着密切关系，其中"知识与技能"这个维度可由教学游戏化完成；"情感态度与价值观"的维度可由教学故事化完成；

"过程与方法"的维度可在"'游戏'和'教学'的优化结合"方面体现。"狼来了"体育游戏将经典寓言故事融入、呈现在整个体育活动中，分析其三维教学目标具体如下。

（1）"知识与技能"的主要目标是解决幼儿助跑跨步跳时抬腿不够高和迈腿不够宽的动作技能问题，以及培养在活动中的自我认知技能；

（2）"过程与方法"的主要目标是让幼儿在故事情境游戏中亲身体会说谎的后果和在学习中采用并学会方法，完成经验建构；

（3）"情感态度与价值"的主要目标是通过故事情境游戏满足幼儿的情感体验，培养幼儿良好的学习兴趣、学习品质、学习态度，以及对真、善、美的价值的认知和调控。

所以，"戏中戏"教学模式是将三维教学目标互相融合的一个整体，实现以"知识与技能目标"为主线，渗透"情感、态度、价值观"，并充分体现在学习探究的"过程与方法"中。把教学目标设计成玩法，又体现教育性，"三维"目标隐藏在游戏之中。"戏中戏"教学模式的教学目标是核心要素，统领整个教学模式，制约着其他要素，决定教育教学的价值取向、操作程序、教学评价和师生的角色关系。

（五）幼儿体育活动"戏中戏"教学模式的教学程序

1. 确定学习主题，创设动作技能教学游戏化情境

学习主题是教师新授的动作技能教学内容，采取的是教学游戏化方式，与教学故事化的学习情境有密切联系，创设时要将两者融合在一起。根据幼儿的年龄和身心特点、生活经验、动作发展水平等来创设动作技能教学游戏化，将动作要领的专业术语进行游戏化、儿童化，使动作示范简单化、直观化、具体化，让幼儿在游戏中轻松、快乐地学习动作技能。

2. 创设学习情境，以完整的故事情境贯穿活动过程始终

幼儿故事是具有完整情节的文学作品，生动、有趣的故事最能激起孩子们的学习兴趣，能激起幼儿的好奇心和想象力，与儿童的情感有极强的交流作用。在幼儿体育教学活动中，以故事为载体，组织教学活动，把幼儿带到特定的活动环境中，让幼儿入境动情、身临其境，使幼儿对游戏本身产生浓厚的兴趣，使被动学习转化为主动学习，教师引导幼儿将兴趣指向学习内容，调动学习和锻炼的积极性，以提高教学的质量与效果。积极的情感与态度能在探索知识与技能的过程中起到巨大的推动作用。同时，也使幼儿在体育游戏中产生自己的情感态度和价值观。

3. 探索解决问题，在"戏中戏"整合性活动中得到整体性的发展

以一个完整的情节故事为主线贯穿整个教学活动的情境体育游戏，这个环节要创设相对自由的游戏环节，充分体现游戏精神。但当动作技能难度较大时，教师可先独立做支架式教学示范，再由幼儿进行辅助性动作练习，通过动作技能游戏化引导幼儿在玩中学，逐步建构动作经验。如果是科学活动、数学活动等领域有关思维能力、创造能力、想象能力的培养，就要与抛锚式教学相结合，基于问题进行教学，创设相应情境让幼儿自主学习，即为预设的教学目标提供游戏经历，运用已有经验和条件去探索、解决问题。然后是教师要观察幼儿的自主游戏，从游戏过程中捕捉教学的契机，及时介入指导；或教师看到了游戏中有价值的教育契机，可以把它延伸到后来的回顾教学活动中，使游戏产生教学功能。

4. 回顾、讨论再体验

教师与幼儿之间、幼儿与幼儿之间就解决问题的方案和过程进行讨论、交流。回顾和讨论在实际操作中碰到了什么问题，分析出现问题的原因，讨论有哪些更好的解决办法。教师在这个环节起到引导、启发、梳理和鼓励的作用，教师也可以将出现的问题重现再和幼儿一起讨论，在动作技能教学方面可以再次做示范，纠正幼儿练习中出现的不协调动作，然后再次让幼儿体验，继续完善动作技术要领。

5. 效果评价

观察幼儿在教师的引导下解决问题的能力和学习效果，注重幼儿学习过程中的学习品质、学习方式。教师在观察中要注重个体差异，及时采取辅助性方法帮助幼儿掌握动作技能，要充分认识到运作技能形成的规律需要经历三个阶段，分别是：粗略掌握动作的泛化阶段、改进和提高动作的分化阶段、动作的巩固和运用自如的自动化阶段。幼儿学习动作初期，不要过多强调动作的细节部分或是过多地纠正幼儿的错误动作，不要注重孩子暂时的掌握程度；同时还要在活动后对幼儿进行访谈，让幼儿说出内心的感受，及时了解幼儿的学习体

会，为后续教学活动做出调整或巩固。

（六）幼儿体育活动"戏中戏"教学模式的实现条件

1. 以幼儿已有经验为基础设定教学目标

教师要深知《3～6岁儿童学习与发展指南》提出的各个年龄段儿童学习与发展目标和相应的教育建议，并根据幼儿实际动作发展水平确定最近发展区为教学活动目标。

2. 将教学目标隐藏于游戏活动中，做到"玩中学"

根据幼儿的身心特征和生活经验，教师要善于把教学目标设计成玩法，体现教育性。

幼儿运动技能教学游戏化要求教师要善于观察幼儿运动习惯、运动思维、动作细节，善于将动作分解简化、讲解儿化，善于借助相关物件来补助幼儿动作缺点，善于将运动技能分难度、分年级来教学，进行运动能力积累。首先每个运动技能游戏化教学是教师在与幼儿相处中进行观察研究，琢磨如何将运动技能转化为更适合幼儿学习的游戏，然后根据幼儿对运动技能的学习特点（比喻模仿、直观易懂）、认识水平和理解水平来确定的；其次是教师在与幼儿互动时萌发的，再帮幼儿总结整理出来的，有一些是与幼儿对话时幼儿模仿想象出来，教师帮忙整理、规范的。如"开大炮"胸前投球动作、"海狮顶球"头上投球动作、"帽子式"运球等。

3. 故事创编的素材来源于幼儿，服务于幼儿

"戏中戏"体育活动深得幼儿的喜爱，尤其是故事情节丰富多彩的、严密完整的、内容神奇的、有挑战性任务的情境游戏更是幼儿喜欢的。但其创编难度较大，需要教师有一定的儿童文学创作能力和丰富的教学素养。同时要求教师深入了解幼儿的内心世界的需求，在日常学习生活中多与幼儿沟通，研究儿童喜欢的故事类型，故事素材要来源于幼儿、师幼互动，最终服务于幼儿。

4. 教师是教学活动的组织者、支持者、引导者，也是游戏者

"游戏与教学融合的关键就是游戏与教学互为生成。这种互为生成包括两个方面：一个方面是教学生成游戏，即为预设的教学目标提供游戏经历；另一个方面是游戏生成教学。教师要观察幼儿自发自主的游戏，从游戏经历中捕捉教学的契机。"幼儿各方面的发展水平较低，缺乏指导的游戏，其发展价值的显现是处于游移状态的，教学环境还需要教师的创设并组织，根据预设的教学目标为幼儿提供游戏经历和学习环境，引导和支持幼儿在探索问题中获取经验。教师要作为一种退位指导者参与到游戏中，这种指导者本身就是游戏者，构成了游戏的要素，不存在强制和抑制游戏意愿的问题，教师为短暂的教学活动时间里创设相对自由的游戏环节，充分体现游戏精神，而把握"游戏与教学互为生成"这个关键的度取决于教师专业水平。

四、幼儿体育活动"戏中戏"教学模式案例创设与分析

对于幼儿来说，简单的动作体验本身就是一个游戏，而运动技能教学就是教师根据幼儿的学习方式，采取了易于幼儿理解的方式将难懂的动作转化为游戏，使幼儿更快地掌握运动技能。

幼儿故事性的"戏中戏"体育活动的创编有一定的难度，教师要清楚幼儿运动技能形成的规律及已有运动经验，还要选择恰当的动作游戏化的方法，同时也需要教师有一定的童话故事创编能力和丰富的教学素养，根据幼儿的生活经验将动作技能游戏化后，巧妙地融入故事情节。下面以活动案例分析来介绍"戏中戏"活动的创设过程。

（一）大班体育教学"戏中戏"活动《钢琴七王子》的总体设计意图

根据幼儿的学习能力和前滚翻的已有经验，挖掘幼儿可发展的动作潜能，确定幼儿动作技能的最近发展区为高台前滚翻，同时为幼儿对动作概念的理解提供一种概念框架。借助幼儿平时对钢琴内部构造很好奇的心理，利用钢琴编导拟人的情境故事贯穿整个教学活动，吸引幼儿主动参与，提高积极性，满足幼儿情感教育的需求；同时，随着大班幼儿理解力和想象力的增强，故事中创编音符小王子在游戏中模仿钢琴打弦器打弦，融入运动技能教学游戏化，形成"戏中戏"的体育教学活动。重点在于模仿打弦器的形状和运作来学习屈体提臀支撑辅助性动作，为学习高台前滚翻奠定基础。做到让幼儿在游戏中学习知识和技能，在游戏过程中思考解决问题的方法，对自身做出相应的调整，感受游戏、运动、音乐带来的快乐，培养幼儿良好的学习品质和行为习惯，让幼儿感觉不到是在学习难懂的运动技能。

另外，教师在"戏中戏"的体育教学活动中可以有目的地设置一些游戏任务、关卡，布置多种器械，安排丰富多样、已掌握的动作让幼儿进行身体锻炼，全面发展幼儿的身体素质。有了任务，幼儿学习目标显得更明确，幼儿更

有学习兴趣和动力，完成任务更有成就感。活动也显得更有效，更关注幼儿学习与发展的整体性，促进幼儿身心全面协调发展。

（二）幼儿经验与材料的准备

首先是确定新授的运动技能动作"高台前滚翻"，再分析研究这个动作的关键动作环节在于"屈体提臀"，将其分解出低层次的"屈体提臀支撑辅助性动作"作为重点学习，联想生活中有哪些动作与之有相似的运动情形，可以由教师根据幼儿身边的事物来想象、预设，也可以和幼儿对话总结出来。钢琴是幼儿园很常见的物品，教师联想到了钢琴里的打弦槌的形状和打弦动作与"屈体提臀"动作很相似，可以作为运动技能游戏化教学的游戏素材。但钢琴如何发音，其内部结构、运作等幼儿是完全没有经验知识的，所以必须事先与幼儿一起探讨，帮助幼儿建构已有经验，为后续学习服务。有的小孩说打弦槌像鸡腿，那就叫它鸡腿槌，用孩子自己归纳出来的东西，孩子最喜欢。

图1　观察钢琴内部运作结构：打弦槌

其次，体育场地、体育器材、教具用品都是围绕着主题情境而布置和选取的。

体育场地与器材的准备一般是为了实物演示情境，即以实物为中心，简略创设必要背景，构成一个整体，以演示某一特定主题情境。将直观体育器械、场景布置和教师本身的直观演示、简单的语言描述游戏规则相结合，创设丰富的情境，帮助幼儿感知理解，幼儿就能自主地融入，激发学习兴趣。

教具用品一般有图画、音乐、头饰等，用图画再现故事情境，用情境音乐营造逼真的环境；用头饰进行角色扮演。幼儿热衷模仿、想象力丰富、形象思维占主导作用，能随着故事情节的发展而逐渐进入角色，故事情节让幼儿有如身临其境，沉浸在欢乐中，让幼儿既动手又动脑，同时完成各个教学内容，达到教学目标。

同时，教师考虑情境创设时不要太随意，要关注环境布置、材料选取与幼儿年龄特征的关系，关注场地大小、距离和运动器械的大小、重量、数量、摆放位置、稳固性和安全性，以提高活动的有效性和科学性。

（三）大班体育教学"戏中戏"活动《钢琴七王子》教学目标的确定

当前我国课程改革的实践已经具体将课程目标规定为围绕三维目标（知识与技能、过程与方法、情感态度和价值观）来设定。第一，知识与技能的界定要切合幼儿的知识阅历、已有经验，教师必须了解幼儿对所学内容的准备状态，了解幼儿的身心发展特点及能力，理解幼儿的学习方式和特点，查明幼儿是否已具备学习新知识的条件；第二，过程与方法要充分体现学习探究、主动参与的教学策略，教学内容应该符合幼儿认知加工过程，注意知识在幼儿头脑中是如何表征和组织的；第三，情感态度和价值观主要体现幼儿在情境游戏中的学习热情、学习兴趣，还有爱、快乐、审美情趣等丰富的内心体验，学习态度、乐观的生活态度、宽容的人生态度等，培养幼儿从内心确立起真、善、美的价值观念，重视幼儿的学习品质，保持其好奇心。

案例分析研究：大班"戏中戏"体育活动《钢琴七王子》

在知识与技能方面的教学目标是：学习"高台屈体前滚翻技巧动作"；教师了解到幼儿的已有经验是：熟练前滚翻基本动作、简单了解了七个基本的音级和钢琴大概的构造、大班幼儿理解力和想象力增强、开始拥有抽象思维能力、学习模仿能力和建构新知识的能力增强、已具备学习新知识的条件。

在过程与方法方面的教学目标是：思考如何更好地模仿打弦槌打弦，在学习新技能中逐步调整、完善动作。幼儿接收新信息"音符小王子变成打弦槌打弦"，模仿打弦槌打弦，建构初级技能"屈体提臀支撑辅助性动作"，意义理解后储存为已有经验，再提取已有经验"前滚翻"技能与之整合，建构新的技能"高台支撑屈体前滚翻技巧动作"。也就是在主体认知系统与调控系统的相互影响下，通过新旧知识经验的相互作用达到知识建构的过程。

在情感态度和价值观方面的教学目标是：培养幼儿良好的学习品质和行为习惯，体验情境游戏带来的快乐，培养幼儿从内心确立起真、善、美的价值观念。教师创编"七王子打败魔鬼"的故事，再通过"图画再现情境+语言描述情境+扮演角色"三种主要手段,用图画再现故事情境,把故事里的情境形象化;教师用语言描述渲染故事情节氛围;幼儿扮演王子亲身体验情境游戏带来的快乐。幼儿能随着故事情节的发展而逐渐进入角色,沉浸在欢乐中,既动手又动脑,同时完成各个教学内容,达到教学目标,这正是采取情境教学法的价值功能体现。情境教学以幼儿的情感为纽带,通过创设真实的或虚拟的教学情境,促进幼儿认知的发展、知识的构建,其目的在于使幼儿所构建的知识于真实情境中运用、拓展,而生成新的知识,获得认知的发展,体验精神的成长。

(四)体育教学"戏中戏"活动过程的设计

体育教学活动过程一般分为开始部分、基本部分、结束部分,操作上要与"戏中戏"教学模式的教学程序相结合。

1.开始部分(创设情境)

迅速将幼儿组织起来,使幼儿每个器官迅速、有准备地进入运动状态,防止运动损伤,集中注意力,准备上课,为基本部分的学习做好准备和铺垫。主要内容有:热身跑、徒手操,也可以是活动量不大的游戏和律动操。"戏中戏"活动开始部分所选取的游戏和音乐都是为基本部分的情境游戏主题服务的,为主题游戏引入做铺垫。

案例分析研究:大班"戏中戏"体育活动《钢琴七王子》开始部分的设计

图2　钢琴键图和音乐故事营造情景环境

开场引导语：小朋友们，今天我们来到了音乐王国里，我们可以听着音乐做自己喜欢的运动，锻炼身体，还可以玩游戏。做运动之前我们要先热身跑和做准备操，这样我们就不会容易受伤，如果在音乐中听到的音符跟你手臂上的音符一样的话，你要赶快跑到钢琴键盘上相应的音阶上（带幼儿熟悉场地和器材），看谁找得又快又准，开始吧！

2. 基本部分（探索、解决问题）

主要是幼儿主动探索新知识、掌握新技能，是幼儿行为和价值观形成的过程，这个环节教师要为幼儿创设相对自由的游戏环境，充分体现游戏精神。

"戏中戏"幼儿体育活动以学习新内容和复习已学过的内容为主，一般分为导入情境游戏环节、引入新运动技能环节、幼儿在游戏中慢慢建构新的运动技能环节，每个环节的内容安排都随着故事情节的发展需要而设置，自然而然。在建构环节中可以根据游戏的任务在环节内自我循环，重复练习，使新运动技能的形成由泛化、分化阶段逐步完善，过渡到巩固、自动化阶段，同时也要复习已掌握的其他动作。

"戏中戏"幼儿体育活动是由两个相同主题的游戏整合在一起的，当新授运动技能教学分解出低层次辅助性动作时，这个教学游戏可放在基本部分的前半部单独练习，但也要体现出是情境游戏里的任务之一。接着在最后环节时，幼儿将自身已有经验与辅助性动作结合起来，建构成新的运动技能。

案例分析研究：大班"戏中戏"体育活动《钢琴七王子》基本部分设计

第一，导入情境故事游戏环节：引入故事及简单介绍钢琴构造（可课前辅导了解）、七个基本音级。

在音乐王国里有一位魔法很强的钢琴国王，他还有七个本领很大的小王子（你知道七个小王子的名字吗？讨论、介绍七个基本音级）。

有一天，国王想检阅王子们的本领，让七个小王子展示绝招。你知道王子们的本领是什么吗？（讨论、介绍钢琴构造、打弦槌。）你们想不想当小王子？（教师当国王参与游戏。）

第二，引入新运动技能环节：模仿打弦槌的形状和运作来学习屈体提臀支撑动作。

首先，先让幼儿动脑想想如何用身体来模仿打弦槌，如何发力打弦。教师先引导幼儿模仿练习再做示范。

其次，幼儿两手撑在椅子上练习屈体提臀支撑动作，幼儿边听教师按的琴键音边练习。

第三，建构新的运动技能环节：接受游戏任务，学习高台前滚翻，逐步增加难度。

钢琴国王（教师）收到信息，魔鬼的地下通道口就要打开了，他要派七个小王子用钢琴魔法阵将通道口封闭，但魔法阵需要王子们完成打弦槌在高台上向前翻跟斗（高台前滚翻）才能获得，而且路上还有很多关卡，好啦！祝你们好运！

小王子们分成两组通过两条路，要完成高台前滚翻、走独木桥、跳下悬崖，完成高台前滚翻才能得到一张魔法阵图，图放在平衡木上。教师在介绍完游戏任务后，要先与幼儿讨论如何利用自己学过的前滚翻和刚学到的打弦动作来建构成新的高台前滚翻，然后教师做示范或请一位能力强的幼儿来示范，同时在前滚翻高台做好保护与帮助，提醒幼儿做好自我保护动作。

图3　高垫子前滚翻

3. 回顾、讨论再体验

调整休息，小结幼儿的完成情况，让幼儿讨论自己的经验。教师帮助幼儿梳理经验，纠正幼儿练习中出现的不协调现象，然后再次让幼儿体验，继续完善动作技术要领。

4. 结束部分（效果评价）

主要是放松肌肉，尽快消除疲劳，调整呼吸，使身体由运动状态恢复到相对安静状态。可以安排走步、做整理动作、做较安静的游戏或简单的律动动作。同时，对教学内容进行归纳总结，巩固幼儿所学的知识，进行强化，使其牢牢地保持在幼儿记忆中；让幼儿回忆游戏过程，评价自己或互动讨论完成任务情形，对幼儿好的表现加以肯定。

五、幼儿体育活动"戏中戏"教学模式实施效果的评价与分析

（一）从我园教师对活动的评价、幼儿在游戏中的表现和课后反映的情况来分析

表1数据是我园教师根据"东莞市教育科研课题研究课例评价表"的各项指标对课题课例进行的打分情况。

表1 公开观摩课教师的评价反馈统计表

公开课例名称	教学活动日期	综合平均得分	综合等级		评课人数
			数量	百分比	
《愤怒小鸟》（大班）	2014年5月22日	81.3	优秀1个	14.3%	7
			良好5个	71.4%	
			中等1个	14.3%	
《打雪战》（大班）	2015年5月28日	86.3	优秀5个	50%	10
			良好4个	40%	
			中等1个	10%	
《钢琴七王子》（大班）	2016年4月27日	88.7	优秀6个	66.7%	9
			良好2个	22.2%	
			中等1个	11.1%	
《小青蛙抓蚊子》（小班）	2017年5月5日	88.3	优秀22个	56.4%	39
			良好16个	41%	
			中等1个	2.6%	

分析研究：评课教师每年所给的平均分数呈上升趋势，优秀课的比例也是逐年增加，说明"戏中戏"幼儿体育活动也慢慢被大家所理解和接受。但评课教师并没有完全了解"戏中戏"活动真正的设计理念，总是认为公开观摩课中授课教师没有做好动作示范、讲解不够详细。由此可见，他们还是比较

注重教学方法。为什么这样说？第一，运动技能的动作要领已经通过各种形式转化为游戏内容了，幼儿是在不知不觉中学习动作的；第二，活动已经从传统的关注教学方法，转向关注幼儿的学习与发展。

从"戏中戏"课的过程中观察到幼儿听讲时注意力非常集中，对情境游戏内容非常感兴趣，玩游戏时心情很愉悦，积极性很高；从课后幼儿反映的情况来看，很多小朋友遇见执教老师时，总是问什么时候还能再玩那个游戏，他们很喜欢。如《钢琴七王子》课后主动询问老师的视频里，叶雨琦小朋友上完这个活动后的第二天早晨在幼儿园碰见老师就问："陈老师，昨天那游戏好好玩，什么时候能再玩？"接下来她同班一个小朋友也是这样问，还跟老师分享他理解的故事情节。

（二）从幼儿动作发展的三年运动技能游戏化教学计划实施结果来分析研究

以滚翻动作为例（见表2），2012年11月份对我园小四班幼儿32人进行课前翻滚动作摸底测查，完成率只有9.4%。

分析研究：第一，翻滚动作本来是在三岁前就可以完成的动作，测查只有三个幼儿能自己完成翻滚动作，可见家长亲子运动活动方面的知识非常缺乏；第二，从幼儿上了一节《小青蛙滚南瓜》运动技能游戏化的课后，至少有50%的幼儿能自己完成滚翻动作，剩下的幼儿也掌握了方法。教师为幼儿提供练习的机会，到了中班、大班可以提高技术要求，经过幼儿园三年的学习，幼儿完全可以掌握前滚翻的粗略动作；第三，采用运动技能游戏化，改变传统单一游戏的"玩"，挖掘幼儿的运动潜能，让幼儿在快乐"玩"中学习运动技能。每个运动技能教学的选择都要准确把握幼儿发展的阶段性特征，还要充分尊重幼儿发展连续性进程上的个别差异，支持和引导每个幼儿从原有水平向更高水平发展，按照自身的发展速度和方式到达《3~6岁儿童学习与发展指南》呈现的发展"阶梯"。

表2　幼儿滚翻动作发展的三年教学计划

年级/学期	已有动作经验	学习内容	游戏活动
小班 第一学期	直体侧身滚翻 （不到1/10的幼儿会屈体向前滚翻，俗称翻跟斗）	屈体分腿前滚翻，学会低头含胸	《滚木头》 《小青蛙滚南瓜》
小班 第二学期	分腿屈体向前滚翻，懂得低头含胸	屈体分腿前滚翻	《小青蛙滚南瓜》
中班 第一学期	分腿屈体向前滚翻，懂得低头含胸	屈体分腿前滚翻，在斜坡上滚下	《小青蛙找害虫》
中班 第二学期	分腿屈体向前滚翻，懂得低头含胸，两手用支撑	并腿屈体向前滚翻，在斜坡上感受团身抱腿滚下的情形	《滚雪球》
大班 第一学期	并腿蹬腿向前滚翻，懂得低头含胸，两手用支撑	蹬腿向前滚翻，主要掌握如何用力蹬地，提臀	《我的身体会弹琴》
大班 第二学期	蹬腿向前滚翻，掌握用力蹬地，提臀	高台前滚翻	《钢琴七王子》

六、结论

（1）幼儿体育活动"戏中戏"教学模式的教学思想和教学方法都比较科学，形成一种较为稳定的教学活动结构框架，解决普通教师开展集体教学活动感到纠结、困惑的问题，实现幼儿游戏与教师教学的优化结合。在幼儿园课程游戏化建设的背景下，能为年轻的教师提供一种较成熟的教学模式参考，能从教学理念和教学方法上有效地指导教师开展教学活动，使幼儿园的课程更贴近幼儿的学习和生活方式，使课程更有趣、更有效。

（2）儿童游戏是儿童在自己已有生活经验和知识技能基础上的自我表现，生活经验越丰富，知识技能越充分，儿童游戏的主题、情节、技巧和内容也就越丰富，其游戏选择也越多。因此，规范和提高幼儿的运动技能，挖掘幼儿的运动潜能，还原幼儿各个年龄阶段应有的运动能力，有利于幼儿掌握新的相关动作和提升总体运动水平，增强幼儿自我保护的能力。幼儿体育活动需要幼儿

掌握一定数量的运动技能来支撑，运动技能越丰富，体育活动开展的越多样，选择的项目越多，幼儿的身体素质发展得就越全面。

（3）幼儿的运作技能的习得不能单靠幼儿在自由活动中凭空想象完成，也不能完全靠模仿就能做得好。有些动作用力的关键时机、方向、大小等，还是要教师引导才能正确掌握。所以，幼儿仅凭借自由探索活动无法获得新的运动技能。

（4）幼儿体育活动"戏中戏"教学模式是教学故事化和教学游戏化的融合，完整的故事情节、情境使幼儿对活动产生浓厚的兴趣，每个孩子都能扮演故事里的角色，深受幼儿喜爱，实践证明其教学效果显著。

（5）"戏中戏"教学模式的后续研究工作主要是在其他领域进行实践研究。

幼儿园体育活动中安全隐患可预见性的研究

安全隐患可预见性是指根据自己的学识经验（即预见能力），可预测某种情况下存在安全隐患，在隐患变成事故前及时将其排除，做到防患于未然。

同样一个安全隐患的问题，本文提出的"可预见性"与传统研究单一的"预防"有不同的观点，预见性包括"发生过事故的隐患"和"从未发生过事故的隐患"，而预防一般只对发生过的事故做好预防。提出可预见性就是要努力把"从未发生过事故的隐患"挖掘出来；同时，通过观察记录、调查访问、实验统计对比、案例分析讨论等方法，对幼儿体育活动中的安全隐患与各个有关要素（活动者、组织者、可预见性）之间的关系进行研究，深入剖析影响各个要素的因素，提出解决方法，彻底解决各种可能造成安全隐患的问题。

一、研究现状分析及背景

查阅《中文科技期刊数据库》及国内一些主要相关文献资料发现，国内对幼儿体育安全隐患的研究少之又少，几乎都局限于幼儿体育运动卫生方面的安全预防和中小学体育课中的安全预防，都没有更深一层去研究安全隐患。安全问题在幼儿体育教育方面的研究比较少，而且比较粗浅，它属于热门话题，"冷门"课题。造成这种状况的原因是幼儿体育活动安全隐患关系到多方面的因素，需要专业的知识和人才才能全面探究出其危害性，而且需要稳定的一线教师长期观察研究，但中国幼儿体育专业教师极其缺乏，工作又不稳定，普通幼教工作者缺乏专业知识，难于开展此研究。而《幼儿园教育指导纲要》明确指出："幼儿园必须把保护幼儿生命和促进幼儿健康放在首位。"因此，"健康第一"是幼儿园的首要任务。故此，针对这种现状，笔者写作本文旨在彻底解决幼儿教育工作的这个首要问题，以供其他领域的幼教工作者参考。

东莞市在幼儿体育教育方面相对沿海大城市来说发展比较慢，幼儿体育专业教师极其缺乏。多年来主要是以"拿来"为主，各幼儿园都是以外出到其他城市学习和外聘专家讲座为主，没有自产的研究成果或专业的辅导人才。同时早期的少数幼儿体育教育工作者由于各种压力因素也都转行了，使本来就很落后的幼儿体育教育更是雪上加霜。因此，东莞地区大部分幼儿园的体育教育一直停滞不前，甚至有的幼儿园管理者只求"平安无事"，不放心把体育活动交给非专业的教师；教师也不想冒这个险，如果孩子的安全问题没有得到保障，即使课上得再好也是得不偿失，干脆采取"软禁"政策。

二、研究对象及方法

（1）东莞市机关第二幼儿园2003级四个大班幼儿179人、2004级四个中班幼儿171人、2005级四个小班幼儿154人，共504人。

（2）确定以东莞市机关第二幼儿园2005年9月至2006年7月在园幼儿为研究对象，对幼儿进行每周两次常规体育课教学，主要以观察法、记录法和数据统计法为主，对课堂基本情况进行观察，在上课的过程中对那些有可能出现安全事故的状况进行记录和制作数据统计表。

三、研究结果分析与讨论

（一）对组织者管理的场地器械不科学引起的安全隐患进行可预见性分析研究

1. 调查结果分析

《幼儿园工作规程》规定："幼儿园应有与其规模相适应的户外活动场地。"国家教育委员会、建设部印发的《城市幼儿园建筑面积定额（试行）》规定：幼儿园户外活动场地每生不低于4平方米。然而事实上，像东莞市莞城旧城区一些建园较早的幼儿园有相当的一部分早已被围禁在有限的空间内，这些幼儿园地处横街窄巷，无论是自身空间发展，还是周围发展，都非常困难；在一些条件较差的幼儿园，满足以上场地的规定几乎是奢望，这样就注定了户外体育活动存在很多不安全因素。加上早期幼儿园的场地设计的确不科学，户外活动场地主要以没露天的大厅为主，而大厅的柱子、墙角和围栏的锋利棱角都是隐患；失修已久的器材，陈旧而设计不科学的器材也存在很多的安全隐患。

2. 常规教学记录情况分析

从表1中的记录情况看，场地与器材两方面的安全隐患发生率加起来就占了22%，占的比例是比较大的，其中大、小班小朋友形成鲜明的对比。小班占的比例最大，因为小班小朋友的安全意识最淡薄，动作最不协调，容易因磕碰、摔跤而受伤。

表1 各年级体育课中可预见性安全隐患出现的情况统计

（以2005年9月至2006年7月为参考）

原　因	小班级（次）42%	中班级（次）31%	大班级（次）27%	小计	各项占总数的比例（%）	常见例子简明分析
场地设计不科学	10	5	2	17	13.8%	1. 场地中有柱子或硬、滑的地面都容易令幼儿受伤 2. 墙角和围栏的锋利棱角都是安全的隐患
体育器材质量差、陈旧	5	4	1	10	8.2%	1. 小皮球质量很差，容易爆炸伤人 2. 陈旧的积木箱开叉、铁钉外露容易刺伤人 3. 器械设计不科学，不符合幼儿年龄阶段
教学方法不正规	2	4	3	9	6.6%	1. 跳绳和前滚翻直接做动作而没有分解，练习辅助动作也很容易受伤 2. 胸前传接球，动作教法不正确而容易撞伤胸部
授课与配班教师配合不恰当	3	1	4	8	6.6%	1. 集体活动时没有做好分工工作导致没有及时制止幼儿的一些危险行为；集合或拿器材时相互冲撞 2. 课前没有检查幼儿身上佩戴的尖状物体

续 表

原　因	小班级（次）42%	中班级（次）31%	大班级（次）27%	小计	各项占总数的比例（%）	常见例子简明分析
幼儿没有安全意识	4	8	3	15	12.1%	1. 游泳时按住其他幼儿的头或抱住别人的身体；潜水撞击池壁；跳水撞伤他人、自己 2. 模仿成人动作，做出危险事情来 3. 用脚尖去踢球很容易伤到脚趾头
幼儿身体动作不协调	13	6	2	21	17%	1. 小班幼儿跑步时常两腿相绊而倒地摔伤 2. 四散跑动时不能及时制动而互相碰头受伤 3. 从高处落地时没有做好缓冲动作容易震伤腰椎
幼儿产生恐惧心理或缺乏自信心	4	5	3	12	9.8%	1. 小班幼儿害怕在平衡木上行走而掉地受伤 2. 跨跳时幼儿因害怕而急停受伤
幼儿之间争执打架或无故攻击他人	11	6	15	32	25.9%	1. 幼儿都喜欢争先恐后抢站队伍的前面，争执不过就会打人 2. 争抢玩具器材而打人 3. 小班级幼儿刚入园不久，常会出现无故攻击他人现象
合计	52	39	33	124		

从上述情况和表1统计数据可以看到，幼儿园因场地与器材而存在的安全隐患占的比例较大，必须引起重视。而且只要做足工作调查研究，这些隐患是可预见的，可避免的。为什么不能对其进行改造、整修？相信这并不是难事，难就难在没有善于发现隐患的人，没有预见能力较强的教师，没有人用专业的眼光去积极挖掘隐患。幼儿体育教师与中小学体育教师上课最大的区别就在这里，幼儿体育教师应仔细观察，用专业的眼光去发现隐患。

3. 典型图例分析

我园在开展体育课中安全隐患的可预见性研究之初，就开始在全园对各个硬地面的场地、柱子进行软化改造，对全园所有栏杆棱角进行磨钝，对旧器材进行更新改造，对新器械进行改善。（如以下图例）

案例分析一：像图1、2、3、4这种多柱子、多棱角的场地，不宜安排内容有跑动动作的活动。虽然柱子、栏杆、棱角都做了整改，但这只能降低事故的危害性。

图1   图2

图3   图4

案例分析二：图5、6是把原来的硬性地面，改造为软性的塑胶跑道，把两边的绿化缩小，扩大场地面积。这种场地比较适合跑、跳、爬等活动。如果游戏活动是属于四散跑动的，就选择较宽的、空旷的、没有障碍物的、有软性地面的场地，以防止幼儿互相碰撞或撞到障碍物上而受伤；如果是小班级的跑动活动，选择在软地面活动更安全点，能减少因动作不协调而造成的摔伤。图6箭头指向的树干突出到活动场内，可预见到幼儿跑动时有可能撞伤头部，所以必须做好防范措施。

图5　　　　　　　　　　　　　　　图6

案例分析三：图7、8的那两颗生锈的铁钉，一颗已经露出表面，另一颗已经破木将出，如果教师不够细心，没有责任心，课前不做检查，将会出现安全事故。

图7　　　　　　　　　　　　　　　图8

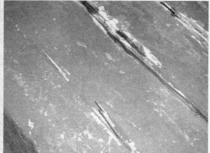

图9　　　　　　　　　　　　　　　图10

案例分析四：把图9、10残旧的木质积木换成图11的海绵质积木；图7的旧平衡木换成图12的塑胶平衡木；而图13、14的蹦床是因为生产厂家设计不科学，弹簧上面只有一层软性薄膜，导致器械安全系数低，幼儿会因动作不协调而踩空扭伤脚踝。但有经验的教师，了解幼儿体育活动的特点，就不难预见这里存在的安全隐患，可以提前对其进行改造（如图14的弹簧上加了两层硬质胶皮，能承受幼儿的体重）。

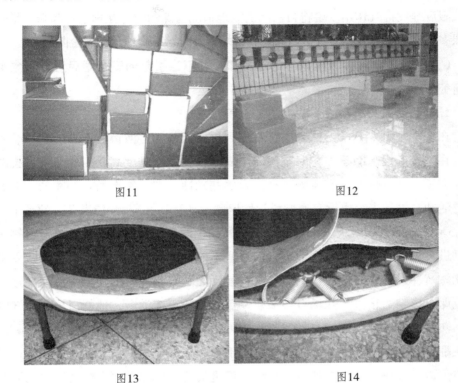

图11　　　　　　　　　　　　　　　图12

图13　　　　　　　　　　　　　　　图14

4. 对体育场地和体育器材安全隐患的预见预防措施

（1）对体育场地和体育器材安全隐患的预见，首先必须根据课的内容来选择合适的场地和器材。组织者对活动内容和活动路线必须了如指掌，选哪个场地、什么器械、如何操作、活动的范围及路线，在活动前都要在脑中清晰地浮现，根据这些因素实地考察，预见器械本身和幼儿操作是否存在安全隐患，预见幼儿经过的路线中的地面、柱子、棱角等是否也存在安全隐患。就幼儿园整体而言，场地狭小的问题是普遍存在的，但解决问题的方式却不是单一的，无论什么类型的幼儿园，教师课前都要考虑细致周到，根据本园的具体情况，进行合理的安排，这才是根本的原则。

（2）要保证场地器械的安全，如发现存在安全隐患的场地和器械，要及时向园领导提出整改或更换意见。场地器材的准备是最基本的安全预防，存在安全隐患的场地器材也是引发安全事故的最主要的外部因素，是可预见的，是可预防的。在上课前教师必须仔细做好场地和器材的安全检查，如有安全隐患应及时排除，而后再进行组织教学。总之，合理利用现有的场地和器材，提高其使用率，最大限度地发挥其作用。要将自己园的场地情况与课的内容互相结合起来，平时上课多观察，积累经验，有丰富的经验，才能及时、准确地预见安全隐患。

（二）对体育教师教学内容的选择和设计不当引起的安全隐患进行可预见性研究

1. 观察研究分析

在多次观摩参观学习活动中，常见到授课教师为了博得看课者的欢心、喝彩，在选择和设计教学内容时都趋向于表演性，动作难度高，对幼儿来说挑战性太大了。选择内容没有遵循活动内容的基础性，即低层次的、必需的、易做到的活动；设计内容也没有遵循科学性原则，如让幼儿翻爬过2米多高的梯子、从1.3米左右的高度跳下、提重20斤左右的沙包等等，虽然这些幼儿是经过挑选的且进行过训练并有足够人保护，但这些不能保证幼儿翻梯时不失手、跳下来时能做缓冲、提重时用力正确，这些是教师无法控制和帮助到的。更何况这是模范课，影响力很大，在场有很多非专业的教师正在学习，他们有可能只知其一不知其二地照搬。例如：2003年我园大班级有个运动能力较强的小女孩陈柳怡在翻过攀爬网后，因她大意、注意力不集中，结果失手，头朝地往下掉，幸好被旁边反应快的体育老师接住小腿，但是头还是像钟摆那样撞到下面的铁圈流血了。如果老师没有接住的话，那后果就不堪设想。从这件事中，我们可以看到，由于幼儿身心发育不健全，有些行为会超出我们的意料，所以选择内容要遵循活动内容的基础性，设计内容要遵循科学性的原则。

2. 提高对教学内容安排的预见能力，须从人体运动解剖学入手

由于幼儿身体形态结构、生理机能以及动作、心理等方面的发展水平和特点与成人或少年儿童有所不同，因此，幼儿身体素质的培养，有其自身的特殊性和年龄特征，在选择和设计教学内容时必须遵循两个方面的基本原则：第一，必须与增强幼儿体质、增进幼儿健康紧密联系，避免对幼儿身体进行有任何伤害的身体运动。第二，必须考虑到幼儿身体素质的特点，避免运动员化、成人化或小学化训练。因此，要遵守这两个原则，就应该从运动解剖学来了解幼儿的身体特征，注重其运动卫生；要预见教学内容选择和设计方面造成的安全隐患，就应该从运动解剖学来了解幼儿的身体特征，注重其运动卫生。

下面让我们来先看跟幼儿关系较大的系统特点及运动卫生。

（1）运动系统（肌肉、骨骼、关节）

肌肉的特点是组织相对少，肌纤维细嫩，肌肉含水分较多，故肌肉的力量较弱，肌肉的能量储备也较差。骨骼的特点是坚固性较差，可塑性较大，较容易发生弯曲和变形。关节的特点是关节的臼窝较浅，关节周围的肌肉较柔嫩，韧带较松，使得幼儿关节的牢固性较差。

运动卫生：

① 避免进行不恰当的臂力练习

如：掰手腕、举重、提重，这些活动会使幼儿手臂肌肉过于发达，造成身体畸形发展，运动员化、成人化。同时，幼儿肘关节和肩关节的臼窝较浅，关节周围的肌肉较柔嫩、韧带较松，很容易产生脱臼，这也是幼儿园常见的事故。

② 不要让幼儿玩类似"斗鸡"的撞击游戏

这种高强度的碰撞，很容易使膝关节受损伤，我们从膝关节的组织结构来了解其特点：髌骨和半月板属纤维软骨，其本身无血液供应，其营养主要来自关节滑液，一旦撞伤，除边缘部分损伤后可以自行修复外，半月板破裂后不能自行修复，由此可见膝关节损伤后果的严重性，保护好膝关节非常重要。

③ 尽量避免在坚硬的地面上进行跳跃活动

在未完成骨化之前，如果骨盆受到外力作用或较大的震动，有可能使组成髋骨的三块骨之间发生移位，影响骨盆的正常发育，特别是小女孩，那将会使骨盆出口缩小，影响以后的生育。

（2）血液循环系统（心脏、血管）

特点：幼儿心脏的容量较小，心脏壁较薄，心脏瓣膜发育不够完善，心脏的调节功能也较差。心脏时刻收缩，身体运动加重了幼儿心脏和血管的负担，但适宜的负担反而能对幼儿的心脏和血管起到一定的锻炼作用。所以，要注意一些运动卫生。

运动卫生：

① 运动要适量、要循序渐进

幼儿不适合参加活动量较大的身体运动、较长时间的快速运动、过度的耐力性运动等。

②避免让幼儿参加需要憋气的静力性力量活动

一类是需要肌肉较长时间处于收缩和紧张状态的身体运动，如前面讲的支撑、悬挂等；另一类是需要憋气动作的身体运动，如拔河、掰手腕、举重、拉皮筋或使用拉力器等。幼儿心脏的容量较小，心脏壁较薄，心脏瓣膜发育不够完善，心脏的调节功能也较差，这种憋气的动作很容易使幼儿的心脏瓣膜受损，影响幼儿心脏的正常发育和健康。

③剧烈的运动之后不要立即停止不动

剧烈运动后立刻停止不动会造成暂时性脑贫血，使幼儿心脏负荷过大。所以，在剧烈运动之后，不要立即停止不动，而是应该走一走或者是做一些放松、整理身体的动作。

（3）消化系统

幼儿参加适当的身体运动，能加快肠胃的蠕动，有助于促进食物的消化与吸收，同时，也能增加幼儿的食欲。但要注意身体运动的时间安排，不要让幼儿在吃饭前或饭后立刻进行身体运动，一般至少要间隔半小时。在饭后进行身体运动，肌肉组织的工作量会明显加大，需要大量的血液供给肌肉组织，此时机体供给胃肠部位的血液量就会相应减少，这必定会使胃肠的消化工作减慢或处于暂时停滞的状态，导致机体对食物的消化与吸收不充分。此外，饭后运动时交感神经的兴奋会抑制肠胃的活动，使消化液分泌减少，久而久之，容易引起肠胃病。装满食物的胃部在剧烈运动时受到较大的颠簸，会牵扯固定胃的韧带，长年累月之下，容易改变胃部的正常位置。

这种饭后运动的现象在幼儿园是常见的，原因一：如今的幼儿园教育倾向于小学模式，学习科目较多，幼儿户外运动时间紧跟在饭后。原因二：配有体育教师的幼儿园大多数都由一位教师负责全园的体育课，一天至少要满满地安排五节体育课才能完成全园教学任务，其中有将近一半的体育课都会安排在饭后立刻开展。

3. 从幼儿人体三大系统的特点进行预见安全隐患研究

教师只有这样深入了解、探究幼儿的身体特点和运动卫生，牢记这些常识，才能随时随地做出反应，才能在教学内容的选择和设计时预见是否存在安全隐患，才会有预见理论依据，从而提高自己的预见能力，选择更科学、更适合的活动内容。

（三）对教学教法和活动组织形式不当引起的安全隐患进行可预见性研究

1. 调查结果分析

据调查了解，东莞地区有关部门在幼儿体育教育方面缺少宣传和正确引导，任各幼儿园教师自行安排、开展。同时，当今以独生子女为主要生源的幼儿园，对幼儿体育课的安全问题日益重视，给教师带来了很大的压力。幼儿体育教学中存在为了安全而"因噎废食"的现象。很多教师为了让幼儿在体育课上不出意外，采取了消极的教学方法，仅做一些简单的活动或采取"软禁"的手段敷衍了事，违反了《幼儿园教育指导纲要》的指导精神。大多数的幼儿体育教师都是非体育院校毕业的，半路出家的居多，都是凭着自己的感觉和经验来开展体育活动。他们进行体育教学的素质水平低，选择教学方法时，盲目效仿，缺乏专业理论依据，没有考虑到幼儿的身心特点是否适应，结果因没有能力驾驭教学方法而导致安全事故的发生。以上因素都阻碍了幼儿体育教学的发展，极大影响了幼儿身体机能的提高。例如：有些活泼爱动的幼儿，即使身体出现疲劳，也仍表现出对体育活动强烈的愿望和浓厚的兴趣，但教师没有对此适当加以调整或抑制，还以为自己的课上得很好，认为能够令幼儿开心、快乐就达到了目标。要避免这种事故就要求教师深知幼儿的身心特点，有扎实的专业理论知识。

从表1中的记录我们可以看到，因教师教法、组织方法不恰当而引起的安全隐患有6.6%。早期的幼儿园都是场地空间狭小，每个班的人数都超标，有时器械练习时站得比较挤，幼儿使用器械时容易互相打伤。对新兴城市和地区的幼儿园来说体育教育还处于刚起步阶段，专职教师刚入行，缺乏工作经验，教学方法和组织形式都处于实践、摸索中，课本上的理论知识不一定能在实际中用到，有时课本上只讲动作的要领，并没有讲明具体操作，所以很多实际情况还是要靠教师自己积累经验，总结方法，根据实际情况来预见什么状况下安全隐患会产生。

2. 典型图例分析

（1）案例分析五：以大班体育活动《前滚翻》为例

幼儿初学前滚翻完整教法：①辅助性动作"不倒翁"，练习低头含胸团身、抱腿后倒动作。②用画手、头、脚的着地点的方法或斜坡翻滚方法（如图15、16）。③教师边讲解边示范。动作顺序：并腿屈体——手撑垫子——低头

着地——团身翻滚。④教师可以请一位能力强的孩子边做动作边讲解动作要领：两腿并紧，两手用力撑地，撑在两脚前面，低头屈臂，用头的后半部着地，含胸团身顺势经肩、背、臀翻滚。

图15　　　　　　　　　　　　　　　　图16

幼儿在练习前滚翻时，如果没有低头含胸，幼儿肯定是直着腰整个身体摔在垫子上，这样很容易震伤内脏；如果两手撑地的位置离两脚站的位置太远，幼儿很难做到正确地低头着地，这样很容易扭伤脖子。幼儿在动作概念没有建立时，会两腿蹬地，整个人向前扑出去，也是很容易震伤内脏的。像这些实际情况没有现成的理论指导，只有靠积累经验和细心观察来预见。教学经验丰富的体育教师应该预见到有什么后果，应该在讲解动作要领、动作示范和保护与帮助这三方面下足功夫。这种主观因素造成的事故是完全可以避免的。

（2）案例分析六：图17中的孩子们就没有明确回去的路线，可以预见到他们将会撞到一起，造成这种情况的原因：教师对活动路线没有交代清楚；教师没有分工协作；幼儿安全意识低。而图18中的孩子就能明白回去的路线，安全回去。

图17　　　　　　　　　　　　　　　　图18

3. 教师采取正确的组织方式和教学方法消除安全隐患

教师的组织方式要简明易懂：体育教师教案里或头脑中要有简单的幼儿活动路线图，一般都是逆时针和顺时针的两个圆形，还有平行线，教师课前可以根据自己设计的路线图来预见幼儿有没有可能产生碰撞。活动路线在活动前必须跟幼儿交代清楚，可以亲身做个完整的示范，这时配班教师也要听清楚活动路线，以便协助体育教师组织活动。如果路线图出现交叉，或幼儿没有听明白，肯定会有撞在一起的幼儿。

（四）从幼儿的发展水平方面进行安全隐患可预见性的研究

1. 调查结果分析

由于幼儿年龄小，好奇心强又缺乏生活经验，缺乏安全意识，幼儿常常会模仿电视里的一些武打动作做出一些危险的动作，干一些危险的事情；或在跑步时，快跑后急停，后面的幼儿会因不能及时制动而跟随撞上去，几个人压在一起。他们不能清楚地预见自己行为的后果，往往会诱发危险，对突发事件不能做出准确的判断。从表1可以看出，幼儿缺乏安全意识而造成的安全隐患占总比例的12.1%，从三个班级看中班占的比例最多，为什么不是小班呢？当初我也是认为小班的发生率应该最高，但记录结果恰恰相反。经过观察研究发现，小班幼儿虽然安全意识最淡薄，但他们比中班幼儿的动作缓慢、定位不准确、不协调、力量小、活动范围小等等，有些危险行为是没有能力做出来的，正如表1列举的常见例子大多数发生在中班幼儿身上。因此，小班幼儿中这种安全事故的发生率自然就低。这些行为是对幼儿而言的，他们自身的安全意识是很低的，但对体育教师而言是可预见的、可避免的，教师要引起重视，寻找解决问题的方法。

活泼好动是幼儿的天性，在体育活动中难免要奔跑、跳跃、钻爬、攀登等，而且他们动作的灵敏性和协调性较差，所以幼儿在活动中常常会遇到突然跌倒、抛接的物品落到自己或同伴的身上等情况。因动作不协调引起的安全事故，从记录结果看，小班幼儿占的比例最高。特别是这两种情况：小班幼儿跑步时常两脚相绊而倒地摔伤；四散跑动时不能及时制动而互相碰头受伤。

幼儿产生恐惧心理。大、中班幼儿在学习障碍跨越（跳箱侧摆越、跨越橡皮绳、踩木箱纵跳摸高）动作时，总有一部分幼儿对障碍物产生恐惧心

理，虽然课的内容难度、危险度不大，但他们还是会产生畏惧的情绪。如：在跳箱侧摆越学习中，他们会跑到跳箱前而突然做个急停撞上跳箱，这种情况存在很大的安全隐患，有可能撞坏膝盖、胸部，或是两手撑空，头先着地。教师必须有这种错误动作安全隐患的预测眼光，努力探求其原因，寻求解决的方法。

由于受幼儿的心理生理发展水平的限制，幼儿常常在与同伴交往过程中发生冲突和争执，甚至动起手来打架。无故攻击他人常常发生在小班幼儿身上，幼儿打起架来就会用手去抓对方的脸或用牙齿咬伤对方，甚至拿起玩具砸伤对方。这些事情在幼儿园里常有发生，教师若不及时制止、化解，事故就会发生。而想要预见这些安全事故的发生，必须先寻找幼儿之间争执的原因，了解每个幼儿的个性。下面对幼儿的同伴争执的原因进行剖析。

语言表达和动作能力发展的不同步。幼儿看到同伴有好玩的玩具，或者自己需要的玩具，会一声不吭地直接取过来，从而引起同伴争执；同伴无意站在他的位置，幼儿会一声不吭地直接推倒同伴。幼儿在体育活动中，会发生无意碰撞，不小心影响到了他人，幼儿面对这样的状况，不会使用礼貌用语来解决，对方也以推人或打人的方式来回应，这类安全事故也容易发生。所以如何让幼儿说出来，通过语言解决争执，是我们在教育中解决问题的关键点之一。

不肯或不会与同伴分享。幼儿在游戏和活动中，往往会以自我为中心，如在游戏中，都想做主角，爱表现自己，如果两个个性比较强的幼儿碰上，他们可能会先打起来，互不相让。

缺乏解决挫折问题的方法。幼儿在游戏和活动中，会遭遇同伴有意或无意的阻碍，如一幼儿故意或者无意挡在滑梯前，另一幼儿不能上去玩，或者一幼儿受到其他幼儿的批评，这样的事件往往让幼儿很生气，导致幼儿直接的攻击行为。从这点可以看出，幼儿发生争执时缺乏解决问题的能力，攻击行为比较普遍，总是发生在第一时间，说明幼儿遇到争执时的第一反应就是攻击。幼儿有攻击行为不仅是家庭和幼儿园教育的失败，也是日常中隐性"强化"的体现。幼儿攻击行为的结果往往给幼儿本身的情绪带来短暂的满足，使其认为打人可以解决问题，因此无形中强化了幼儿的这一行为。了解幼儿之间争执原因之后，我们就可预见幼儿在什么情况下会打架，或攻击他人。

2. 典型图例分析

（1）案例分析七：活动前进行安全意识教育

如下图19、20，教师已经把活动路线交代清楚了，但孩子还是没有意识到自己的行为后果是很危险的。像这种情况教师课前应该可以预测到，必须在活动前请幼儿重演案例，在思想上对幼儿进行安全教育，提高其安全意识。如图21黄色衣服的孩子安全意识比较高，懂得躲开迎面来的小朋友。

图19

图20

图21

课前必须在思想上对幼儿进行安全教育，提高其安全意识。如果课前无法对其进行行为动作的控制，活动前就要和幼儿一起分析容易出现的危险情况，并共同讨论应该怎样玩才不会出现危险。要让幼儿知道应该怎样玩，不应怎样玩，知道怎样做才对，怎样做不对，让幼儿了解游戏规则，引起幼儿注意，提高他们的安全意识，避免不安全事件的发生。结合幼儿在体育活动中出现的问题，给予必要的、合理的安全教育。表1的那些典型例子，体育教师在课前是无法左右的，那些是课中的一些突发事件，只能在幼儿体育活动中时刻提高警惕，关注每个幼儿的一举一动，预见幼儿做出的一些可能造成险情的或不安全的动作并及时指出，进行随机教育。

（2）案例分析八：有针对性地发展幼儿的动作协调能力

图22就是因为孩子在四散跑动时，动作不协调、不能及时制动而互相碰头受伤。

图22

解决幼儿动作不协调、不灵敏最有效的方法有：①经常性的滚翻动作和跳起转身；②长期性的高抬腿练习。滚翻动作有直体滚翻、屈体前滚翻、团身前滚翻、侧身前滚翻。滚翻动作和蹦床跳起转身都是提高幼儿身体协调性、灵敏性的最有效、最实用的方法，不只可以使幼儿的身体翻转，也可以令幼儿的视觉空间在纵横方向翻转，从而刺激小脑前庭觉，改善前庭功能。如：身体翻转、膝手爬、独站、独走、悬荡等全身协调运动可在平时的户外活动中多点练习，幼儿的平衡能力、协调能力一定会得到很好的发展。

（3）案例分析九：消除幼儿体育运动中的恐惧心理和增强自信心

像图23的幼儿很有勇气地跑到了垫子前，但就是不知道动作顺序，缺乏体育运动知识，未建立健全的动作概念。如果让她自己独立完成动作，她可能会为了不输给其他小朋友而硬着头皮跳一下，这种情况下可以预见到幼儿可能会因绊脚而摔跤。

图23

经过几年来的观察记录、分析研究，发现有个别幼儿并不是真正的恐惧，幼儿对体育课中的动作从来就没有接触过，也就不会因以前的失败产生畏惧感，而是因为幼儿缺乏体育运动知识，未建立健全的动作概念，对身体哪个部位先发力，哪个部位先跨越根本就没有一点概念，当他们做动作时脑中一片空白，才会产生退缩、不够自信的心理，所以才会出现上述的情况。

消除幼儿体育运动中的恐惧心理、增强幼儿自信心的方法：（1）针对性地进行动作辅助练习，教师要懂得把动作分解，选择有效的辅助动作。（2）练习时先降低要求，循序渐进，认真做好保护、帮助工作，减轻幼儿的心理压力。（3）进行完整动作典型示范，使幼儿在脑中清晰地形成动作表象。（4）用娱乐性的游戏和一些教学竞赛激发幼儿的练习热情，发挥幼儿的主观能动性。（5）预见幼儿的运动能力，选择合适的动作技能和器械。

3. 幼儿攻击性行为的预防

配班老师要了解每个幼儿的个性，对于哪几个幼儿喜欢攻击他人、容易和别人发生争执打架，要做到心中有数，才能第一时间制止幼儿打人。幼儿争执不仅常发生在体育游戏中，也常发生在幼儿园的日常生活中，要在体育课中减少幼儿不必要的争执，还需要配班老师的配合，在日常生活中对幼儿进行教育和引导。

（1）教给幼儿必要的社会交往知识技能。

（2）通过游戏活动培养幼儿交往的兴趣，增加交往行为方式。

（3）家园共建，共同促进幼儿社会性发展。

（五）从组织者的学习背景和安全隐患预见能力进行研究分析

1. 我园教师、保育员的学习背景调查研究分析

他们大多数都是幼儿师范院校学前教育专业毕业的，由其所修的课程可知他们对儿童学前体育只具备粗浅的认识，仅有在文字理论上的学习，缺乏实践教学和辅导。他们毕业后也不用从事体育课教学，头脑里原来仅有的一点知识也被忘得一干二净。而保育员的情况就更加糟糕了，他们受年龄和文化水平的影响，在幼儿体育活动教学学习方面的知识相对浅薄，理论基础知识掌握不牢固。从教师和保育员学习背景情况可以看出，他们对幼儿体育教育都是一知半解的，体育活动安全隐患预见能力较低。因此，要想让他们从体育活动中预见出安全隐患的存在来配合好体育教师开展体育课，就必须对其进行相关知识的培训。

2. 实验过程

（1）对我园22位教职工（教师11人、保育员11人）安全隐患预见的能力进行测试课实验法，让他们观看由体育老师开展的大班级《跳木箱》的常规体育课，并对这个过程中出现的隐患进行预见并记录入表，对他们的预见能力进行摸底测验。

（2）编写安全隐患预见能力培训教材，对22位教职工进行系统性的培训；外出观摩学习后，进行观后感讨论学习；开展保育员体育活动观摩课学习，旨在提高他们的预见能力和预见意识。

（3）再次观看同等条件下的常规体育课《跳木箱》，并对出现的安全隐患进行预测并记录入表，根据记录数据检验培训效果。

3. 实验结果

从表2的实验测试的数据总结果看，22位教职工经过一系列的学习培训后，安全隐患预见能力比原来增强了77.8%，取得显著进步。从各个分项的测试结果看，效果更加显著。表2的实验结果表明，加强组织者的培训教育，提高其预见能力和预见意识是有必要的。从理论基础知识结构上对活动组织者进行培训，帮助其认识幼儿的身体和心理特征、身体运动动作特点、教学内容的选择和设计的基本原则、教学教法和活动组织的科学性，从而增加他们的预见理论依据，提高预见能力；从思想上进行教育动员，从而提高他们的警惕性，增强安全隐患的预见意识。

表2　我园教职工安全隐患预见能力实验测试情况

产生因素	场地器材因素	教学方法与组织方式	与配班教师的配合	幼儿身心发展水平	幼儿间争执、打架或攻击他人	总计
预见次数（培训前测试）	25	6	4	55	9	99
预见次数（培训后测试）	33	15	11	107	23	176
增　幅	35%	150%	175%	94.5%	155%	77.8%

（六）从配班教师和体育教师之间的分工协作配合进行研究分析

1. 调查结果分析

近几年来，由于社会观念的转变、政府对教育机构的重视和幼儿园本身发展的需求，越来越多的幼儿园开始聘用专职的体育教师上课，同时配一至两名带班人员在旁协助其上课，每个班一周都能正常地开展两次体育课。但对新兴城市和地区的幼儿园来说，体育教育还处于刚起步阶段，专职教师刚入行，缺乏工作经验；配班教师年轻又外行，缺乏相关知识培训，安全隐患预见能力较弱，只能做到被动的"预防"，而不是主动的"预见"，由此导致两者分工协作方面缺乏默契配合，在这种情况下常会造成幼儿安全事故的出现。所以，在体育活动当中配班教师与体育老师的配合工作很重要，配合默契、分工协作能使教师有更多的时间和空间去预见存在的安全隐患。体育老师在体育课上要肩负组织、传授、指导等各项任务，在幼儿园如果仅凭一个人完成一节课的话，安全事故的发生概率会更高。只有认识到配班教师与体育教师配合工作的重要性和处理好两者之间的地位与关系，才能安全顺畅地开展体育活动。

（1）从我园教师和保育员的配合协作意识上研究分析

在"我园教师、保育员的学习背景调查研究分析"中可以了解到一些情况，虽说幼儿体育活动课配有一到两名配班教师在旁协助体育教师，但他们理论知识薄弱，预见能力低，事实上形同虚设。原因有几点：一、受专业知识面的限制，他们对体育活动中安全隐患的预见能力低，不知从何做起。二、受思想认识的影响，安全隐患预见意识薄弱，认为这是体育课，是体育教师一个人的事，与自己没有多大关系，有时两个配班教师干脆站到一旁谈起自己的私事来。三、体育教师与配班老师缺乏沟通，没有明确分工协作。

（2）从新兴城市幼儿园的体育教育开展工作研究分析

这些幼儿园办园时间不长，没有配备专职体育教师，没有自己的理论基础和研究成果，在幼儿体育教学方面通常是跟随和模仿他人，属于刚起步阶段。条件较好的幼儿园配备了专职教师，但他们大多刚入行，缺乏相关知识，隐患预见能力弱，容易造成幼儿安全事故的出现。

总之，在这次调查研究中，深深地感到幼儿园体育教学安全隐患预见性工作的领域存在很多令人担忧的地方，情况不容乐观。教师之间的配合协作工作也存在很多漏洞，缺乏相关专业知识和配合分工协作，思想认识水平低，安全意识薄弱和隐患预见能力差。如果在体育活动中存在配合工作漏洞，就非常容易产生安全隐患和安全事故。在这一环节上，幼儿园的教师们都有必要自检一下，冷静地反思，检查问题的因果。

2. 从体育活动中安全隐患的可预见性出发，做好教师之间的配合协作工作

（1）配班教师和体育教师要相互沟通，分工协作

配班教师和体育教师都要明白课前、课中、课后各自的职责，分工负责。由于大多数幼儿园只配一位体育教师，造成一天的课程都安排得满满的，而幼儿体育课的时间又很短，不能把时间用到检查幼儿的具体情况上，所以有部分体育教师的安全预见性检查工作要转移到配班教师的身上，如检查衣物、增减衣服、病历病史、处理幼儿大小便等一些事务。这就需要体育教师和配班教师沟通好，达成共识。

现如今幼儿园班级的人数都超标，在活动过程中，体育老师无法照顾到每个孩子。体育教师不带班，无法了解和记住每个幼儿的个性气质、行为习惯、健康状况等情况，这样就需要配班老师协助体育老师，进行分组活动，减少幼儿等待的时间，集中其注意力，使课的整个过程流畅有序，相应也就减少了不安全因素的出现。同时，配班老师也要在旁观察留意个性较强、具有攻击性的幼儿的行为，预见其行为动作是否存在隐患。这就需要配班教师主动配合，与体育老师分工协助。

在进行体育比赛或者游戏时，场地较大，幼儿通常是分散到场地的每个部分的，体育教师无法兼顾每个部分，导致幼儿过于兴奋时会失去控制，常会有擦伤、磕伤的事情，这也是体育课上发生事故的主要原因。因此，配班老师要配合体育教师散开指导幼儿，使幼儿玩得有度、玩得有法，并要站在关键位置上观察四周，做好保护，随时提醒孩子注意安全，要做到全面观察，照顾细微，还要细心观察幼儿的神色和动作，如发现有异常情况应马上让其停止活动。活动结束之前体育老师应总结活动的过程，分析不安全因素或事故出现的原因，让幼儿逐步积累运动经验，提升自我保护意识。这样教师间做到了齐抓共管，充分预见安全隐患的存在，既让孩子们玩得快乐，也让孩子们玩得安全。

（2）配班教师要充分认识幼儿体育活动的特点和幼儿的身心特征

幼儿园的体育活动以开展丰富多彩的体育游戏为手段，培养幼儿积极参与体育活动的兴趣。幼儿体育活动的开放性、自主性、丰富性以及游戏个体之间交往的频繁性，不同于其他室内课，如手工、美术等，幼儿会安安静静地坐在椅子上。此外，幼儿的身心发展水平不完全，安全意识薄弱，容易引发事故。例如，我园体育课是最让幼儿期待和兴奋的户外活动之一，在体育课的开展过程中，幼儿不但能够跟同伴一起快乐地跑、尽情地笑，还能够跟心目中的super hero ——体育老师进行各种动感、有趣的游戏互动，同时学得骄人的本领：跨跳、打球、武术等。但是体育活动的开放性、自主性、丰富性以及游戏个体之间交往的频繁性，使得这一活动存在着诸多的危险因素和安全隐患。在这个过程中，幼儿固然快乐、收获颇丰，但幼儿在情绪、思维等各方面的自我控制能力都相对较弱，且动作灵活性不强，因而新的、不同的突发事故就有随时发生的可能。这便考验我们老师的安全意识及对安全隐患的预见和预防能力了。教师如果明白幼儿的这些特点，那就要加强自身相关知识的学习，增加预见的理论依据，提高预见能力，更好地配合体育教师。

（3）配班教师要了解体育课的基本结构

配班教师清楚体育课每个环节的内容，就可以提前、主动、有机选择自己所站的位置，与体育教师做到课前身体衣物检查分工、视线的分工、讲解示范分工、保护帮助时分工、分组练习分工、近身个别辅导分工等等。这些需要配班老师掌握一定的配合技巧，抓准时机、选准身位，才能产生配合的契机。

四、研究结论与讨论

（一）体育活动中的安全隐患是可预见的，事故是可避免的

有安全隐患就有事故发生的可能，我们应在事故发生之前预见出其隐患，及时制止，做到防患于未然。从案例分析中我们可以看到安全隐患的影响因素是显而易见的，是可以预见的。在活动前，要从安全隐患各个影响因素出发，

根据相关的理论知识，对整个活动过程做一次预见，反复推敲，努力挖掘一切隐患出来，再采取措施避免。

（二）预见性具有主动的、积极的意义，而预防是被动的、机械的、极限的

预见的对象包括"发生过事故的隐患"和"从未发生过事故的隐患"，而预防一般只对发生过的事故做好防备。"从未发生过事故的隐患"需要组织者积极、主动去挖掘出来，不像预防那样套用发生过的事故来做防备。

（三）组织者是安全隐患的掌控者，也是引起安全隐患的主要因素

开展体育活动时场地器械、教学内容、教学方法都由组织者自主选择，会不会造成事故的隐患也是他们掌控的，幼儿在整个过程中是被动的接受者，有些隐患虽是他们自身因素引起的，但不是他们主动造成的，而是组织者间接引起的。所以，引起安全隐患的主要因素还是组织者。解决预见性安全隐患的根本方法还是要从组织者的思想意识和理论知识方面进行教育培训。

（四）幼儿园的体育专业教师比较缺乏，幼教者的体育活动安全预见能力较低

幼儿体育教育需要更多的一线专业教师进行实践研究、交流工作经验，在实际操作上，他们才最有发言权，有最容易被接受、最切合实际的方法。

参 考 文 献

［1］范惠静.幼儿园健康教育活动指导［M］.北京：人民教育出版社，2011：123.

［2］华爱华.幼儿游戏理论［M］.上海：上海教育出版社，2016：126.

［3］朱家雄.游戏与教学之间关系刍议［J］.幼教园地，1998（3）.

［4］韩亚梅，杨立鹏.新课程三维目标整合教学模式初探［J］.新课程研究（基础教育），2008（12）.

［5］陈楚彬.体育游戏融合运动技能教学策略初探［J］.教育导刊，2016（8）：74.

［6］维果茨基.维果茨基教育论著选［M］.余震球，选译.北京：人民教育出版社，2017：18.

［7］刘馨.学前儿童体育［M］.北京：北京师范大学出版社，2000：124-127.

［8］陈楚彬.“帽子式”运球：幼儿篮球教学方式新探［J］.教育导刊，2010（4）：39-41.

［9］华爱华，朱佳慧.游戏与教学融合的关键：游戏与教学互为生成［J］.江苏省幼儿教育，2017（3）：5.

［10］刘晓明.科学备课：现代学习论与教学设计［M］.长春：东北师范大学出版社，2008：37-38.

［11］朱家雄，黄瑾，李召存，等.幼儿园课程的理论与实践［M］.上海：华东师范大学出版社，2016.

［12］桂景宣.体育教学法［M］.北京：人民教育出版社，1987.

［13］毛振明，赖天德.论运动技能教学和体育运动乐趣的关系［J］.中国学校体育，2005（1）.

［14］朱伟，朱昌荣.运动技能形成的规律与体育教学方法的研究［J］.教育与

职业，2009（35）.

［15］黄世勋.幼儿园体育活动指导［M］.北京：教育科学出版社，1999.

［16］赵瑜.篮球的秘密［M］.北京：中国青年出版社，2011.

［17］于渊.角色性主题游戏课程的理论与实践［M］.北京：教育科学出版社，2012.